essentials

essentials liefern aktuelles Wissen in konzentrierter Form. Die Essenz dessen, worauf es als „State-of-the-Art" in der gegenwärtigen Fachdiskussion oder in der Praxis ankommt. *essentials* informieren schnell, unkompliziert und verständlich

* als Einführung in ein aktuelles Thema aus Ihrem Fachgebiet
* als Einstieg in ein für Sie noch unbekanntes Themenfeld
* als Einblick, um zum Thema mitreden zu können

Die Bücher in elektronischer und gedruckter Form bringen das Expertenwissen von Springer-Fachautoren kompakt zur Darstellung. Sie sind besonders für die Nutzung als eBook auf Tablet-PCs, eBook-Readern und Smartphones geeignet. *essentials:* Wissensbausteine aus den Wirtschafts-, Sozial- und Geisteswissenschaften, aus Technik und Naturwissenschaften sowie aus Medizin, Psychologie und Gesundheitsberufen. Von renommierten Autoren aller Springer-Verlagsmarken.

Weitere Bände in der Reihe http://www.springer.com/series/13088

Thomas Egner

Digitale Geschäftsmodelle in der Steuerberatung

Zukunftsfähig bleiben im Spannungsfeld zwischen Tradition und Legal Tech

Thomas Egner
Lehrstuhl für Betriebswirtschaftslehre,
insbesondere Betriebliche Steuerlehre
Universität Bamberg
Bamberg, Deutschland

ISSN 2197-6708   ISSN 2197-6716   (electronic)
essentials
ISBN 978-3-658-21160-8   ISBN 978-3-658-21161-5   (eBook)
https://doi.org/10.1007/978-3-658-21161-5

Die Deutsche Nationalbibliothek verzeichnet diese Publikation in der Deutschen Nationalbibliografie; detaillierte bibliografische Daten sind im Internet über http://dnb.d-nb.de abrufbar.

Gedruckt auf säurefreiem und chlorfrei gebleichtem Papier

Springer Gabler ist Teil von Springer Nature
Die eingetragene Gesellschaft ist Springer Fachmedien Wiesbaden GmbH
Die Anschrift der Gesellschaft ist: Abraham-Lincoln-Str. 46, 65189 Wiesbaden, Germany

Was Sie in diesem *essential* finden können

- Einen Einblick in den Markt der Steuerberatung
- Grundlagen zum Beziehungsdreieck aus Steuerberater, Mandant und Finanzverwaltung
- Einen Einblick in die Digitalisierung des Datenaustausches zwischen Steuerberater und Mandant bzw. Steuerberater und Finanzbehörde
- Eine Vorstellung über den Einfluss der Digitalisierung auf das Geschäftsmodell „Steuerberatung"
- Eine Idee zum Berufsbild des Steuerberaters in der Zukunft

Vorwort

Geschäftsmodelle unterliegen in einer wettbewerbsorientierten Wirtschaft dem beständigen Wandel. Dies gilt auch für das Berufsbild des Steuerberaters. Die Veränderungen verlaufen dabei meist kontinuierlich, in Ausnahmefällen disruptiv. Die Digitalisierung als derzeitiger Megatrend hat bereits eine Vielzahl von Geschäftsmodellen grundlegend verändert. Inwieweit die Digitalisierung Einfluss auf das Geschäftsmodell der Steuerberatung, insbesondere bei kleinen und mittelständischen Kanzleien nimmt, soll diese kurze Abhandlung aufzeigen.

Die Idee zu dieser Darstellung wurde im Gespräch mit Frau Anna Pietras (Springer Gabler) am Rande des Steuerberaterkongresses 2017 in München entwickelt. Für die spontane Bereitschaft, dieses Thema in die Reihe *essentials* aufzunehmen, danke ich ihr sehr.

Mein Dank gilt zudem allen, die zum Gelingen dieses Buches beigetragen haben. Vor allem bedanke ich mich bei den Mitarbeitern des Lehrstuhls, Frau M.Sc. Verena Kaul, Herrn M.Sc. Patrick Geißler, Herrn M.Sc. Matthias Gries und Herrn M.Sc. Johannes Stößel sowie Frau Hofmann (Sekretariat) für ihre wertvolle Unterstützung.

Für Anregungen, Anmerkungen oder Kritik erreichen Sie den Autor jederzeit unter thomas.egner@uni-bamberg.de

Thomas Egner

Inhaltsverzeichnis

Einleitung

Die Digitalisierung stellt neben der Globalisierung und dem demografischen Wandel den Megatrend unserer Zeit dar (Groth 2015, S. 3). Jeder erlebt täglich die durch die Digitalisierung eingetretenen Veränderungen in der gesellschaftlichen Kommunikation und in seinem beruflichen Umfeld. In einzelnen Geschäftsfeldern sind disruptive Veränderungen (Innovationen) zu beobachten, mit der Folge, dass die analoge „Old Economy" durch neue digitale Geschäftsmodelle verdrängt wird. In anderen Bereichen treten digitale Geschäftsmodelle neben traditionelle Geschäftsmodelle. Einzelne Geschäftsmodelle und Berufe werden in der Zukunft verschwinden und neue entstehen.

Der Digitalisierung wird dabei das Potenzial zugesprochen, eine ähnliche Veränderung der Weltwirtschaft herbeizuführen wie die industrielle Revolution in der zweiten Hälfte des 19. Jahrhunderts. Derartige evolutorische Prozesse sind insofern nicht neu als bereits Schumpeter hierfür den Begriff der „schöpferischen Zerstörung" geprägt hat, den Prozess, „der unaufhörlich die Wirtschaftsstruktur von innen heraus revolutioniert, unaufhörlich die alte Struktur zerstört und unaufhörlich eine neue schafft" (1972, S. 137 f.).

Vor diesem Hintergrund wird inzwischen regelmäßig über die Zukunftsfähigkeit einzelner Berufe diskutiert, da sich Geschäftsmodelle und Wertschöpfungsketten durch die Digitalisierung vollständig verändern werden. Dabei wird häufig auf die Studie von Frey und Osborne (2013, S. 72) zurückgegriffen, in der auch der „tax preparer" als wenig zukunftsfähig aufgeführt wird (zu 99 % computerisable). In deutschsprachigen Veröffentlichungen wird daraus teilweise abgeleitet, dass der Steuerberater ein Opfer der Digitalisierung werden und dieses Berufsbild zeitnah verschwinden wird (siehe auch Bodmann 2016, S. 3963 f.). Auch wenn offensichtlich ist, dass die Übersetzung des „tax preparers" als Steuerberater unzutreffend ist, ist demgegenüber unzweifelhaft zutreffend, dass sich auch

© Springer Fachmedien Wiesbaden GmbH 2018
T. Egner, *Digitale Geschäftsmodelle in der Steuerberatung*, essentials,
https://doi.org/10.1007/978-3-658-21161-5_1

das Geschäftsmodell des steuerberatenden Berufsstands durch die Digitalisierung verändern wird und auch bereits verändert hat. Die Sammlung, Aufbewahrung und Verarbeitung steuerrelevanter Daten ist ebenso wie das Besteuerungsverfahren der Digitalisierung zugänglich. Die ersten Schritte hierzu sind bereits erfolgt, auf Ebene der Steuerberater, der Steuerpflichtigen und auch auf Ebene der Finanzverwaltung.

Die Digitalisierung der Verwaltung in Deutschland – zu der auch die Finanzverwaltung gehört – ist im internationalen Vergleich noch nicht weit fortgeschritten. Im EU-Digitalisierungsindex 2017 für den Bereich öffentliche Verwaltung (The Digital Economy and Society Index [DESI]; https://ec.europa.eu/digital-single-market/en/desi) nimmt Deutschland nur Platz 20 ein (siehe auch Heide 2018, S. 20). Auf den ersten Plätzen finden sich Estland und Finnland. Den deutschen Unternehmen und Privatpersonen entstehen durch die fehlende Digitalisierung erhebliche Mehrkosten. McKinsey schätzt in einer durch den Nationalen Normenkontrollrat in Auftrag gegebenen Studie die durch Digitalisierung möglichen Kostenersparnisse für die Unternehmen bei den meistgenutzten Verwaltungsdiensten auf ca. 1 Mrd. € (2017, S. 16).

Das Besteuerungsverfahren wurde in den letzten Jahren bereits im Rahmen der E-Government-Initiative der Bundesregierung in Teilen digitalisiert. Wesentliche Grundlagen wurden durch das Gesetz zur Modernisierung des Besteuerungsverfahrens (BGBl. I 2016, S. 1679) geschaffen. Die Zielsetzung der Neuregelungen liegt in der Einführung einer IT-gestützten Steuerdeklaration und Steuerfestsetzung in den steuerlichen Massenverfahren. Gleichzeitig soll aufseiten der Finanzverwaltung eine stärkere Risikoorientierung – im Sinne der Vermeidung von Steuerausfällen – durch den Einsatz eines automatisierten Risikomanagementsystems ermöglicht werden. Das Gesetz zur Modernisierung des Besteuerungsverfahrens stellt die logische Fortsetzung der Digitalisierung in den ertragsteuerlichen Massenverfahren dar, nachdem seit längerer Zeit bereits sukzessive einzelne Elemente der Besteuerung digitalisiert wurden.

Die Digitalisierungsstrategie im E-Government weist jedoch auch erhebliche Mängel auf. Zum einen wird zwar an vielen Stellen der Digitalisierungsprozess vorangebracht, zum anderen entstehen offensichtlich aber zunehmend Insellösungen, wobei zweifelhaft erscheint, ob zukünftig eine Integration dieser Teillösungen möglich sein wird.

Das Geschäftsmodell der Steuerberatung ist aber nicht nur aufgrund der Entwicklungen beim E-Government durch die Digitalisierung betroffen. Wesentlicher Treiber sind die Steuerpflichtigen, insbesondere die Unternehmen, die ihre Datenerfassung, -verwaltung und -aufbereitung digitalisieren bzw. erwarten, dass der Berater dies für sie übernimmt.

Der Einsatz von modernen Informationstechnologien ist dem Berufsstand der Steuerberater nicht neu. Die Einführung des Computers als Arbeitsmedium – auch im Rahmen eines Rechenzentrums – war wesentlich getrieben durch die Einführung der Mehrwertsteuer und der dadurch notwendigen Verarbeitung großer Datenmengen sowie der Übernahme von Buchführungsaufgaben durch den Steuerberater. Dem Gründer der DATEV eG, Heinz Seebiger, wird zugeschrieben, als einer der ersten erkannt zu haben, dass die Buchhaltung der Schlüssel zu den Unternehmenszahlen und somit einer darauf aufbauenden Beratungsleistung durch den Steuerberater ist (Vollmer 1991, S. 28 f.).

Steuerberater sind nach § 3 StBerG „zur geschäftsmäßigen Hilfeleistung in Steuersachen" befugt. Zusammen mit dem Unternehmen (Mandant bzw. Steuerzahler) und der Finanzverwaltung bilden sie ein Dreiecksverhältnis, in dem der Steuerberater als Gestaltungsberater für den Mandanten oder als Organ der Steuerrechtspflege zum Schutz des Steueraufkommens aus Sicht der Finanzverwaltung gesehen werden kann. Dieses Dreiecksverhältnis hat durch die Digitalisierung seinen Charakter zwar nicht grundsätzlich verändert. **Dennoch steht der Berufsstand der Steuerberater vor einer Revolution.**

Das Geschäftsmodell basierte bisher auf der Erstellung von Jahresabschlüssen, der Steuerdeklaration und der Anfertigung Betriebswirtschaftlicher Auswertungen mit der Zielsetzung der vergangenheitsorientierten Abbildung der Realität. Die Digitalisierung der kaufmännischen Prozesse führt aber – entsprechend dem Gedanken der Industrie 4.0 – zum Erfordernis der echtzeitbasierten Datensammlung und -analyse mit der Zielsetzung, die Grundlage für Entscheidungen und Automatisierung zu schaffen (siehe auch Mayr 2016, S. 32).

Die Entwicklung der Digitalisierung kann in verschiedene Stufen eingeteilt werden. Stand am Anfang die Einführung der Computer, folgte in einem zweiten Schritt die Erfassung von Daten und deren Darstellung. Für den Erkenntnisgewinn sowie der Ableitung von Handlungsempfehlungen ist aber die Herstellung von Transparenz im Sinne des Verstehens von Zusammenhängen und Vorgängen – die Frage nach dem „warum?" – von entscheidender Bedeutung. Insofern umfasst das Geschäftsmodell der Steuerberatung bereits seit der Mitte des letzten Jahrhunderts – die DATEV eG wurde 1966 gegründet, die Taylorix AG hat bereits 1960 ein Rechenzentrum betrieben – die verschiedenen Stufen des Entwicklungszyklus zur Industrie 4.0. Allerdings weist das Geschäftsmodell den Mangel auf, die vorliegenden Daten nicht hinreichend – auch betriebsübergreifend – auszuwerten und Daten nur zeitlich nachgelagert zur Verfügung zu stellen.

Das Geschäftsmodell der Steuerberatung wird sich – wie in vielen anderen Geschäftsbereichen auch – durch die Digitalisierung grundlegend verändern. Bisher umsatztragende Geschäftsbereiche werden durch die Automatisierung deutlich abnehmen. Diese Tätigkeiten sind gleichwohl von entscheidender Bedeutung für den Ausbau bereits vorhandener, auf der Basis der Digitalisierung jedoch ausbaufähiger Angebote der Steuerberater, zum Beispiel der Betriebswirtschaftlichen Beratung. Daneben werden sich neue Angebotsmöglichkeiten ergeben, da die Digitalisierung in den Unternehmen zum Beispiel erhebliche Dokumentationspflichten entstehen lässt. Die Digitalisierung führt auch zu einem steigenden Bedürfnis nach Datensicherheit und Datenschutz. Mit dem Gesetz zur Anpassung des Datenschutzrechts an die Verordnung (EU) 2016/679 und zur Umsetzung der Richtlinie (EU) 2016/680 vom 30.06.2017 (BGBl. I, S. 2097 ff.) wurde das Bundesdatenschutzgesetz komplett überarbeitet und neu verkündet. Es schafft sowohl für die Unternehmen – einschließlich der Steuerberater – als auch die Finanzverwaltung eine neue Grundlage für den Umgang mit kunden-, mandanten- und steuerrelevanten Daten.

Veränderte Geschäftsmodelle mit einem veränderten Leistungsspektrum bedeuten im Ergebnis nicht nur sich verändernde Kanzleistrukturen und -prozesse, sondern vor allem auch sich verändernde Anforderungen an den Steuerberater und seine Mitarbeiter sowie neue Wettbewerbssituationen. Vor diesem Hintergrund hat die Bundessteuerberaterkammer (o. J.) – ähnlich wie die Wirtschaftsprüferkammer für den Berufsstand des Wirtschaftsprüfers – bereits Szenario-Analysen über die Zukunft des Berufsstands im Jahre 2020 entwickelt. Dieser Prognosezeitraum erscheint zwar angesichts der Dynamik der Digitalisierung als langfristig, vor dem Hintergrund der Folgen für das Geschäftsmodell aber eher als zu kurz.

In den nachfolgenden Kapiteln wird zunächst das bestehende Geschäftsmodell der Steuerberatung näher betrachtet (Kap. 2). Im Mittelpunkt steht dabei das Beziehungsdreieck aus Steuerberater, Mandant und Finanzverwaltung. Der aktuelle Stand der Digitalisierung bezüglich einzelner Elemente dieses Beziehungsdreiecks wird im dritten Teil (Kap. 3) analysiert. Dem folgt im vierten Teil (Kap. 4) ein Überblick über die Erwartungen der Mandanten für die Zukunft hinsichtlich der Leistungen des Steuerberaters unter dem Einfluss der Digitalisierung. Ebenfalls betrachtet werden sollen die zu erwartenden Entwicklungen auf Ebene der Finanzverwaltung (Kap. 5). Auf dieser Basis werden szenarioähnlich die Folgen für das Geschäftsmodell der Steuerberatung aufgezeigt (Kap. 6) und die Wettbewerbsposition des Steuerberaters analysiert (Kap. 7).

Das Geschäftsmodell der Steuerberatung

2

2.1 Das Berufsbild des Steuerberaters

Das Geschäftsmodell der Steuerberatung kann auf eine lange Tradition zurückblicken und teilt die Geschichte der Entwicklung der Steuern. Erste Vorläufer des Steuerberaters finden sich im antiken Rom ca. 70 v. Chr., als Cicero als Redner in Steuerstreitigkeiten aufgetreten ist (Wallner und Birken 2016, S. 39). Der Steuerberater heutiger Prägung hat seinen Ursprung in der zunehmenden Komplexität steuerlicher Regelungen und der steigenden Belastung der Steuerpflichtigen durch verschiedenste Steuern. Die heutigen Berufsstandsregelungen gehen auf das am 04.11.1975 verkündete Steuerberatungsgesetz zurück (Sahm 2012, S. 290 f.).

Das Geschäftsmodell der Steuerberatung muss als Erfolgsgeschichte bezeichnet werden. Die Anzahl der Berufsträger hat sich über die Jahre hinweg beständig erhöht. Zählte die Bundessteuerberaterkammer in 1962 gerade einmal 23.919 Steuerberater als Mitglieder, waren es 1990 bereits 45.394 Steuerberater und in 2017 84.046 Steuerberater. Allerdings stagniert die Zahl seit 2015.

Der Steuerberater gehört nach § 1 der Berufsordnung für Steuerberater (BOStB) der Berufsgruppe der Freien Berufe an und stellt ein unabhängiges Organ der Steuerrechtspflege dar. Charakteristisch für den Beruf des Steuerberaters ist, dass dieser unabhängig, eigenverantwortlich, gewissenhaft und verschwiegen auszuüben ist. Dementsprechend muss der Steuerberater in seinen beruflichen Entscheidungen unbeeinflusst von wirtschaftlichen oder privaten Verbindungen sein (§ 2 BOStB). Die Eigenverantwortlichkeit umfasst auch, dass jeder Berufsträger selbstständig seine Entscheidungen trifft und nicht weisungsabhängig ist. Die Berufsordnung hält ausdrücklich in § 3 Abs. 4 fest, dass die Eigenverantwortlichkeit auch bei elektronischer Korrespondenz gilt. Der Steuerberater ist verpflichtet,

© Springer Fachmedien Wiesbaden GmbH 2018
T. Egner, *Digitale Geschäftsmodelle in der Steuerberatung,* essentials,
https://doi.org/10.1007/978-3-658-21161-5_2

im Rahmen einer gewissenhaften Berufsausübung über die notwendigen personellen, fachlichen und organisatorischen Voraussetzungen zu verfügen (§ 4 BOStB). Folglich ist der Steuerberater auch gezwungen, die im Rahmen der Modernisierung des Besteuerungsverfahrens notwendige Digitalisierung der Kanzleiprozesse vorzunehmen. Dies umfasst sowohl die persönliche Fortbildung als auch diejenige der Mitarbeiter. Wesentliche Grundlage für das Vertrauensverhältnis in der Geschäftsbeziehung zwischen Mandanten und Steuerberater ist die Verschwiegenheitspflicht (§ 5 BOStB). Diese umfasst auch die notwendigen Maßnahmen zur Datensicherheit im Rahmen einer digitalen Kommunikation und der Datenhaltung in der Kanzlei.

Das inhaltliche Tätigkeitsprofil der Steuerberater umfasst zum einen die sog. Vorbehaltsaufgaben der Steuerberatung nach §§ 2, 3 StBerG. Danach ist nur ein enger Personenkreis zur geschäftsmäßigen Hilfeleistung in Steuersachen befugt. Die Aufgabe des Steuerberaters besteht somit in der Beratung, Unterstützung und Vertretung der Mandanten in steuerlichen Angelegenheiten (§ 33 StBerG). Dies beinhaltet ebenso die Übernahme von Buchführungsaufgaben.

Daneben kann der Steuerberater in den sog. vereinbaren Tätigkeiten (§ 57 Abs. 3 Nr. 2 und 3 StBerG) dem Mandanten gegenüber aktiv werden. § 15 BOStB listet u. a. folgende Tätigkeiten auf:

- die freiberufliche Unternehmensberatung im Sinne von § 1 PartGG,
- die Tätigkeit der Mediation,
- die Verwaltung fremden Vermögens,
- das Halten von Gesellschaftsanteilen für Dritte.

Voraussetzung ist, dass bei den jeweiligen Tätigkeiten keine anderweitigen, durch den Steuerberater nicht erfüllten, Erlaubnisvorschriften zu beachten sind.

Allerdings dominieren die Vorbehaltsaufgaben der Steuerberatung bezüglich des Umsatzes deutlich (siehe Abb. 2.1). Über alle Kanzleiformen hinweg werden nur ca. 6 % der Umsätze mit den vereinbaren Tätigkeiten (im Jahr 2014) erzielt, 94 % mit den Vorbehaltsaufgaben. Die Umsatzauswertungen in Detail zeigen, dass der Umsatz der Kanzleien im erheblichen Maße durch automatisierbare Tätigkeiten bestimmt wird.

Das Rechnungswesen stellt den größten Umsatzträger im Bereich der Vorbehaltsaufgaben dar (effektiv 27,07 %), auch die Einkommensteuererklärungen (effektiv 13,54 %) und die Lohn- und Gehaltsabrechnungen (effektiv 9,87 %) bestreiten wesentliche Teile der Kanzleiumsätze. Bei Einzelkanzleien stammt ein unterdurchschnittlicher Anteil des Umsatzes aus den vereinbaren Tätigkeiten (5,4 %), bei Sozietäten dagegen ein überdurchschnittlicher Anteil (7,3 %).

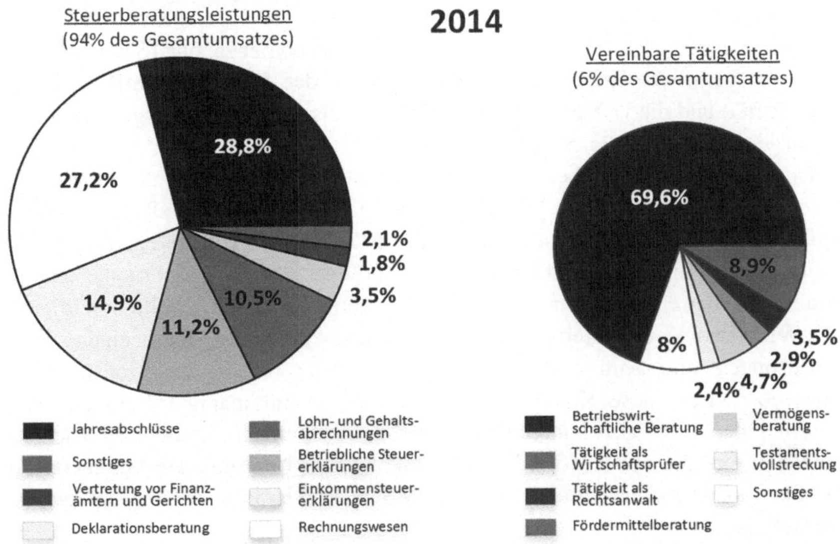

Abb. 2.1 Umsatzverteilung bei Steuerberaterkanzleien. (Datenquelle: BStBK 2016, 5.3.1 und 5.3.4)

Bei den Vorbehaltsaufgaben dominiert zwar die Betriebswirtschaftliche Beratung mit 69,6 %, jedoch stellt dies lediglich 4,19 % des Gesamtumsatzes der Kanzleien dar. Gegenüber der Erhebung in 2011 ist der Umsatzanteil der vereinbaren Tätigkeiten (3,2 %) zwar gestiegen, jedoch von einer äußerst geringen Ausgangsbasis.

2.2 Der Markt der Steuerberatung

Der Markt der Steuerberatung ist äußerst heterogen. Zum einen sind mit den Rechtsanwälten und Wirtschaftsprüfern weitere Berufsgruppen zur Steuerberatung befugt. Zum anderen ist die Struktur der Berufsausübung sehr unterschiedlich.

Den Steuerberatern stehen für die Berufsausübung verschiedene Rechtsformen zur Verfügung. Neben der Einzelkanzlei ist die Berufsausübung auch im Rahmen einer Sozietät, einer Personen- oder Kapitalgesellschaft möglich. Für die Struktur des Berufsstands ist prägend, dass knapp 70 % der Steuerberater selbstständig tätig sind, nur 30 % der Steuerberater befinden sich in einem Angestelltenverhältnis.

Dieser Trend zur Selbstständigkeit zeigt sich auch in den Kanzleistrukturen. 70 % der Steuerberatungskanzleien werden als Einzelpraxis betrieben, nur 13 % der Kanzleien sind berufliche Zusammenschlüsse im Sinne des § 56 Abs. 1 StBerG (z. B. GbR, PartG) und die verbleibenden gut 17 % sind als Steuerberatungsgesellschaften organisiert (BStBK 2017a, S. 6, 13).

Der Markt der Steuerberater ist zudem heterogen bezüglich der Größe der Kanzleien strukturiert (vgl. Tab. 2.1). Dabei entspricht tendenziell die Größenstruktur der Kanzleien auch der Größe der Mandanten. Zu differenzieren ist in die Big 4, die in der Regel Großkonzerne und den großen, international tätigen Mittelstand betreuen und in die ebenfalls international aufgestellten mittleren Kanzleien, wobei die internationale Ausrichtung zum einen durch eigene Niederlassungen und zum anderen durch Netzwerke mit Kooperationspartnern umgesetzt wird. Diese Kanzleien betreuen schwerpunktmäßig mittelständische Unternehmen. Den anzahlmäßig größten Teil nehmen die Klein- und Kleinstkanzleien ein, die vorwiegend kleinere, lokal tätige Unternehmen betreuen und darüber hinaus im erheblichen Maße die Steuerdeklaration für Privatpersonen übernehmen.

Tab. 2.1 Marktstruktur Steuerberatung und Wirtschaftsprüfung (2015)

	Unternehmen		
	Insgesamt	Mit einem Gesamtumsatz von	
		Weniger als 250.000 €	250.000 € und mehr
Unternehmen	58.683 (100 %)	37.495 (63,9 %)	21.187 (36,1 %)
Davon:			
• Einzelunternehmen	41.603 (70,9 %)	32.033 (77,0 %)	9571 (23,0 %)
• Personengesellschaften	6698 (11,4 %)	1096 (16,4 %)	5602 (83,6 %)
• Kapitalgesellschaften	8928 (15,2 %)	3477 (38,9 %)	5451 (61,1 %)
• Sonstige	1454 (2,5 %)	890 (61,2 %)	564 (38,8 %)
Umsatz	29.448.111 T€	3.045.000 T€ (10,3 %)	26.403.072 T€ (89,7 %)
Tätige Personen	403.290	78.177 (19,4 %)	325.114 (80,6 %)
Davon:			
• Inhaber	70.496	39.275 (55,7 %)	31.221 (44,3 %)
• Beschäftigte	332.794	38.902 (11,7 %)	293.892 (88,3 %)

Quelle: Statistisches Bundesamt 2017

Bei kleineren und mittleren Kanzleien sind Kooperation mit anderen freien Berufen, zum Beispiel Wirtschaftsprüfern und Rechtsanwälten verbreitet. Ein Teil der Steuerberater weist auch Doppelqualifikationen auf. Auffällig ist, dass interprofessionelle Kanzleien gegenüber reinen Steuerberaterkanzleien im Durchschnitt einen höheren Überschuss ausweisen (BStBK 2016, 5.6.4). Dies begründet sich dadurch, dass sich die Kooperation positiv auf das Leistungsspektrum der Kanzleien auswirkt, sodass im Rahmen der Steuerberatung zum Beispiel auch die dem Steuerberater nicht erlaubte rechtliche Vertragsgestaltung angeboten werden kann. Neben dem breiteren Angebotsspektrum kann die Kooperation auch mit Kosteneinsparungen in der Kanzleiverwaltung verbunden sein.

Die Steuerberatungskanzleien bieten in der Regel ein breites Angebotsspektrum an und übernehmen neben Buchführungsaufgaben die Steuerplanung, die Steuerdeklaration, die Steuerdurchsetzung sowie ggf. die Betriebswirtschaftliche Beratung. Daneben bestehen spezialisierte Kanzleien, die sich entweder nur auf spezifische Steuerarten oder Beratungsbereiche, zum Beispiel das Insolvenzsteuerrecht oder die Begleitung von Betriebsprüfungen konzentrieren.

Aufgrund der gesetzlichen Reglementierung der Beratung in steuerlichen Fragestellungen besteht eine Zugangsbeschränkung zum Berufsstand der Steuerberater. Gleiches gilt für die weiteren zur Steuerberatung berechtigten Berufsgruppen der Wirtschaftsprüfer und Rechtsanwälte. Voraussetzung für die Ausübung der Tätigkeit des Steuerberaters ist das Bestehen der Steuerberaterprüfung sowie die Zulassung durch die Steuerberaterkammer (§§ 37, 40 StBerG).

Die Zugangsbeschränkung durch die Steuerberaterprüfung wird mit dem Argument der Qualitätssicherung und des Verbraucherschutzes begründet. Durch die Qualifikationsprüfung sollen insbesondere Fehlberatungen vermieden werden. Die Fachkompetenz des Beraters wird durch die geschützte Titelbezeichnung „Steuerberater" auch nach außen dokumentiert.

2.3   Eine Dreiecksbeziehung als Grundlage des Geschäftsmodells

Das Geschäftsmodell der Steuerberatung beruht auf einer Dreiecksbeziehung zwischen Steuerberater, Mandant und Finanzverwaltung, wobei sich die nachfolgenden Ausführungen insbesondere auf kleinere und mittlere Steuerberatungskanzleien beziehen.

Der Steuerpflichtige hat der Finanzverwaltung gegenüber steuerliche Pflichten in Form der Steuerdeklaration sowie der Vorlage und Aufbewahrung von Unterlagen – einschließlich der Buchführung – zu erbringen. Diese Aufgaben werden dem steuerberatenden Berufsstand teilweise oder vollständig übertragen. Der Steuerberater übernimmt für die ordnungsgemäße Erfüllung der steuerlichen Pflichten die entsprechende Haftung. Gleichzeitig müssen im Unternehmen die notwendigen Maßnahmen ergriffen werden, damit dem Steuerberater zur Erfüllung seiner Aufgaben die steuerrelevanten Informationen zur Verfügung gestellt werden. Der Steuerberater wird aber in der Regel nicht nur und nicht erst bei der Steuerdeklaration einbezogen. Vielmehr begleitet der Steuerberater den Mandanten im Rahmen des gesamten Besteuerungsprozesses – von der Steuerplanung bis zur Betriebsprüfung (vgl. Abb. 2.2) – und betreibt insofern auch steuerliches Risikomanagement, indem die Unternehmensverantwortlichen regelmäßig über steuerinduzierte Anpassungsnotwendigkeiten zur Unternehmensstruktur und zu den Unternehmensprozessen informiert werden (Egner und Henselmann 2015, S. 457 ff.).

Dem Steuerberater wird vonseiten der Unternehmen im hohen Maße Vertrauen entgegengebracht, da regelmäßig hochsensible Unternehmensdaten ausgetauscht werden. Dementsprechend gilt der Steuerberater als derjenige Berater mit der engsten Beziehung zum Unternehmen (Oehring 2015, S. 521). Dieses Vertrauen bildet auch die Grundlage für Dienstleistungen des Steuerberaters, die den vereinbaren Tätigkeiten zuzurechnen sind, zum Beispiel die Betriebswirtschaftliche Beratung.

Für die Finanzverwaltung ist die Einbeziehung des Steuerberaters von Vorteil, da nicht mit jedem Steuerpflichtigen einzeln zu kommunizieren ist. Vielmehr kann die Finanzverwaltung darauf vertrauen, dass der Steuerberater sachkundig

		Besteuerungsprozess				
Steuer-planung	Erfüllung des Steuer-tatbestands	Steuerermittlung		Steuererhebung/ -zahlung		Steuerkontrolle
		Steuer-deklaration	Steuer-festsetzung durch Finanz-verwaltung	durch Steuer-pflichtigen	unter Ein-beziehung Dritter	▪ Betriebsprüfung ▪ Steuerfahndung
Steuerliches Risikomanagement / Tax Compliance Management						

Beteiligung des Steuerberaters

Abb. 2.2 Besteuerungsprozess

ist und die steuerlichen Pflichten einhält. Der fachliche Kommunikationslevel zwischen Steuerberater und Finanzverwaltung ist dementsprechend hoch und für den Mandanten häufig kaum verständlich.

Aus der Dreiecksbeziehung folgt auch ein gegenseitiger Kontrollauftrag. Während dies für die Finanzverwaltung zur Sicherstellung der Steuereinnahmen offensichtlich ist, besteht für den Steuerberater als Organ der Steuerrechtspflege die Pflicht, auf ein steuerehrliches Verhalten des Steuerpflichtigen hinzuwirken – und ggf. das Mandat aufzugeben, wenn der Steuerpflichtige ein rechtswidriges Verhalten fortsetzt. Auch das Unternehmen darf den Handlungen des Steuerberaters nicht uneingeschränkt vertrauen und muss sich vergewissern, dass der Steuerberater seine Pflichten erfüllt.

Regelmäßig übernimmt der Steuerberater auch die Kontrolle der Steuerfestsetzungen durch die Finanzverwaltung, um ggf. außergerichtlich bzw. gerichtlich gegen diese vorzugehen. Gleiches gilt für alle anderen belastenden Verwaltungsakte der Finanzverwaltung.

Im Ergebnis ist die Einbeziehung eines Steuerberaters sowohl für den Mandanten als auch die Finanzverwaltung von Vorteil und ist von einem gegenseitigen Vertrauens- aber auch Kontrollverhältnis geprägt.

Die Digitalisierung des Beziehungsdreiecks Steuerberater – Mandant – Finanzverwaltung

3

Der Einsatz moderner Informationstechnologie ist keine neue Entwicklung. Die DATEV eG ist der größte IT-Dienstleister in diesem Bereich mit ca. 40.000 Mitgliedern aus den steuerberatenden Berufen. Sie versorgt die Steuerberater u. a. mit der entsprechenden Software zur Steuerberechnung und zur Kommunikation mit der Finanzverwaltung. Zudem übernimmt sie in der Regel die technische Abwicklung der Archivierung sämtlicher Unterlagen (Dokumenten-Management-System [DMS]).

Nicht zuletzt durch die Gründung der DATEV eG konnten die Steuerberater den Prozess der Datenverarbeitung optimieren und so den Unternehmen notwendige Informationen – zum Beispiel in Form der BWA (Betriebswirtschaftliche Auswertung) – für betriebliche Entscheidungen liefern.

Die Finanzverwaltung hat bereits seit 1999 mit dem Rahmenprogramm E-Government 1.0 die punktuelle Digitalisierung eingeleitet und mit E-Government 2.0 (ab 2006) fortgesetzt. Das E-Government 2.0 setzt sich aus vier Handlungsfeldern zusammen (Deloitte 2016, S. 55):

- Portfolio: darunter wird die nutzerorientierte Entwicklung von E-Government-Dienstleistungen verstanden (z. B. ELSTER)
- Prozesskette: dies umfasst die medienbruchfreie Verkettung der Geschäftsprozesse von Verwaltung und Unternehmen (z. B. elektronische Rechnung)
- Identifikation: diese Maßnahmen sollen eine sichere Kommunikation zwischen Bürger und Verwaltung ermöglichen (z. B. qualifizierte elektronische Signatur)
- Kommunikation: Ziel ist die Schaffung eines sicheren Kommunikationsraumes im Internet (z. B. elektronisches Gerichts- und Verwaltungspostfach)

Abb. 3.1 skizziert die Beziehungen im digitalen Dreiecksverhältnis unter Einbeziehung des IT-Dienstleisters.

© Springer Fachmedien Wiesbaden GmbH 2018
T. Egner, *Digitale Geschäftsmodelle in der Steuerberatung*, essentials,
https://doi.org/10.1007/978-3-658-21161-5_3

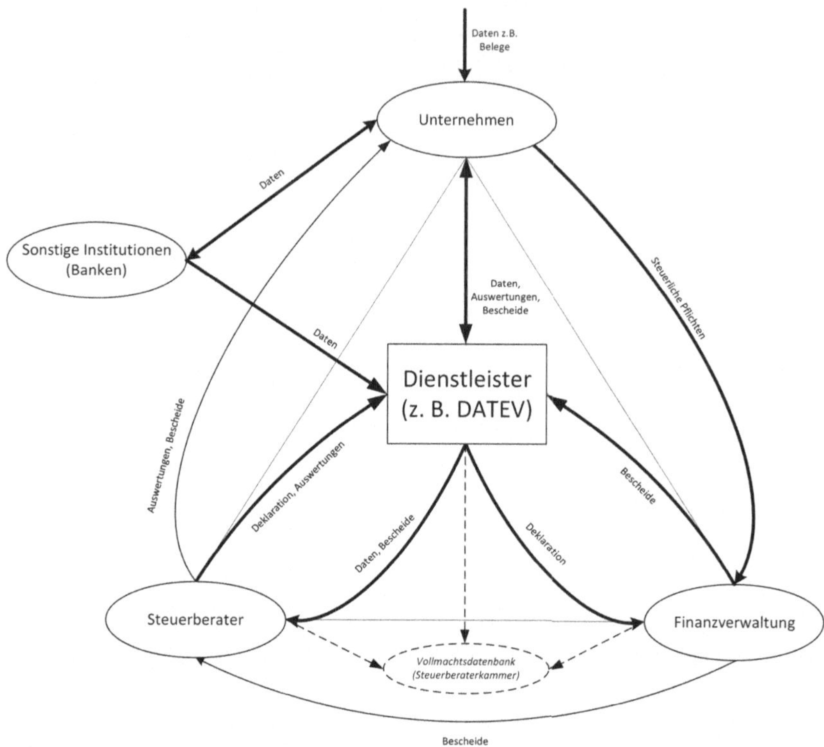

Abb. 3.1 Dreiecksverhältnis mit IT-Dienstleister. (Quelle: Egner 2015, S. 313)

3.1   Digitalisierung der Steuerdeklaration und der Prüfung

Die Digitalisierung des Besteuerungsprozesses stellt einen sukzessiv voranschreitenden Prozess dar. Die ersten Schritte der Digitalisierung betrafen die Steuerdeklaration sowie die Übermittlung steuerrelevanter Daten an die Finanzverwaltung sowie die Sozialversicherungsträger. Der Digitalisierung aufseiten der Steuerdeklaration steht die Digitalisierung aufseiten der Finanzverwaltung gegenüber. Diese erfolgte zunächst vor allem im Bereich der Betriebsprüfung. Durch die Auswertung großer Datenmengen (Big Data) sollten auffällige Abweichungen der zu prüfenden Unternehmen aufgedeckt werden. Notwendige Voraussetzung waren dazu Vorgaben zur Art der Datenaufbewahrung bzw. -speicherung bei den Unternehmen. In einem zweiten Schritt erfolgt derzeit die Digitalisierung der Steuerfestsetzung. Dies wird verbunden mit einem Risikomanagement, sodass lediglich auffällige Steuerdeklarationen geprüft werden. Ansonsten erfolgt eine automatisierte Steuerbescheiderstellung. Zielsetzung der Unternehmen, der Steuerberater und der Finanzverwaltung ist es dabei, einen medienbruchfreien Prozess zu entwickeln, sodass nicht neben der digitalen Welt der Besteuerung parallel eine papiergebundene Belegverwaltung erfolgen muss.

Die Digitalisierung wirft jedoch auch Probleme auf. So war zu klären, wie sich der Steuerberater gegenüber der Finanzverwaltung als legitimiert zur Vertretung eines Mandanten ausweist und zum Beispiel einen Steuerbescheid aus dem digitalen Postfach des Steuerpflichtigen entnehmen kann. Die Entwicklung einer Vollmachtsdatenbank ermöglichte dies zwar prinzipiell, bedurfte aber zunächst einer parallelen papiergebundenen Zusendung der Vollmacht an die Finanzverwaltung. Erst die Einführung von GINSTER auf Ebene der Finanzverwaltung ermöglichte die digitale Autorisierung.

Unternehmen sind inzwischen durchgängig verpflichtet, die Steuererklärungen sowie die Steueranmeldungen für die eigenen Steuern, aber auch soweit Steuern für Dritte einzubehalten sind, elektronisch zu übermitteln. Einige Beispiele sind:

- E-Bilanz, § 5a EStG
- Einnahmenüberschussrechnung, § 60 Abs. 4 EStDV
- Einkommensteuererklärung (gewerbliche Einkünfte), § 25 Abs. 4 EStG
- Umsatzsteuererklärung, § 18 Abs. 3 UStG
- Umsatzsteuervoranmeldung, § 18 Abs. 1 UStG
- Körperschaftsteuererklärung, § 31 Abs. 1a KStG
- Gewerbesteuererklärung, § 14a GewStG
- Erklärung zur gesonderten Feststellung von Besteuerungsgrundlagen (§ 180 AO), § 181 Abs. 2a AO
- Lohnsteueranmeldung, § 41a Abs. 1 EStG

Die verfahrensrechtlichen Grundlagen finden sich in den §§ 87a bis 87d AO. Für die Übertragung der E-Bilanz ist ferner festgelegt, dass diese im sog. XBRL-Standard (eXtensible Business Reporting Language) erfolgen muss (BMF-Schreiben vom 19.01.2010, BStBl. I 2010, 47). Bei der Einnahmenüberschuss-Rechnung kann die Finanzverwaltung inzwischen nur noch in Ausnahmefällen eine Befreiung von der digitalen Übermittlung aussprechen.

Zudem kann ab dem 01.01.2018 die elektronische Übermittlung der Steuererklärungen von Unternehmen über ELSTER nur noch authentifiziert erfolgen.

Dies gilt bereits für Erklärungen für den VZ 2017, die in 2018 übertragen werden. Der unterschriebene Versand der elektronisch übermittelten Erklärung – wie dies beim bis Ende 2017 möglichen Verfahren ohne zertifikatsbasierte Authentifizierung notwendig war – entfällt. Nach § 87d AO kann mit der Übermittlung auch ein Dritter beauftragt werden, z. B. der Steuerberater.

Im Ergebnis ist die Finanzverwaltung im Bereich der Unternehmensbesteuerung der Zielsetzung nahe, eine durchgehende Digitalisierung des Besteuerungsprozesses zu erreichen.

Auch die Bereitstellung von Daten für die Unternehmen erfolgt digital. Die die Lohnsteuer bestimmenden Lohnsteuerabzugsmerkmale des Arbeitsnehmers werden dem Arbeitgeber in einer Datenbank der Finanzverwaltung zum elektronischen Abruf bereitgestellt (Elektronische LohnSteuerAbzugsMerkmale [ELStAM]).

Die Digitalisierung bezieht sich nicht ausschließlich auf das Besteuerungsverfahren. Auch die verschiedenen sozialversicherungsrechtlichen Meldepflichten sind elektronisch auf Basis der Datenerfassungs- und Datenübermittlungsverordnung (DEÜV) zu erfüllen. Die Daten sind nach § 17 Abs. 1 DEÜV im eXTra-Standard durch https zu übertragen.

Für natürliche Personen ohne unternehmerische Tätigkeit (Privatpersonen) erfolgte die Digitalisierung zunächst auf freiwilliger Basis. Dem Steuerpflichtigen wird die Möglichkeit eingeräumt, die Steuerdeklaration digital durchzuführen, es erfolgt jedoch keine Verpflichtung. Durch die Ausweitung der Digitalisierung mittels ELSTER auf das Massenverfahren der Einkommensteuerdeklaration von Privatpersonen werden inzwischen pro Jahr ca. 20 Mio. Steuererklärungen digital abgegeben. Ab dem VZ 2017 erhöht sich die Attraktivität der digitalen Erklärung, da zumindest bei Nutzung von ELSTERonline keine Belege beigelegt werden müssen. Diese müssen aber vom Steuerpflichtigen vorgehalten werden, um bei Bedarf der Finanzverwaltung vorgelegt werden zu können.

Zudem wird den Steuerpflichtigen die Möglichkeit eröffnet, durch Belegabruf eine vorausgefüllte Steuererklärung als Grundlage für die Steuerdeklaration zu erhalten. Dabei werden dem Steuerpflichtigen die Daten zur Verfügung gestellt, die der Finanzverwaltung von dritter Seite digital übermittelt worden sind. (z. B. Elektronische Vermögensbildungsbescheinigung; § 8 i. V. m. § 5 Vermögensbildungs-Durchführungsverordnung).

Den Einsatz der Digitalisierung nutzte die Finanzverwaltung im Rahmen der der Steuerdeklaration und der Steuerveranlagung nachgelagerten Betriebsprüfung zeitlich als Erstes. Bereits im Jahr 2000 wurde in § 147 Abs. 6 AO die Grundlage geschaffen, die bei einer Betriebsprüfung den digitalen Zugriff auf die Unternehmensdaten erlaubt. Die Anzahl der betroffenen Steuerpflichtigen war dadurch begrenzt, denn eine Verpflichtung zur digitalen Datenverarbeitung war für die Unternehmen dadurch nicht verbunden. Die konkrete Umsetzung erfolgte durch die „Grundsätze zum Datenzugriff und zur Prüfbarkeit digitaler Unterlagen – GDPdU" (BMF v. 16.07.2001, BStBl. I 2001, 415). Die Grundsätze zur ordnungsmäßigen Führung und Aufbewahrung von Büchern, Aufzeichnungen und Unterlagen in elektronischer Form sowie zum Datenzugriff (GoBD, BMF v. 14.11.2014, BStBl. I 2014, 1450) haben dieses Schreiben inzwischen ersetzt und inhaltlich dem aktuellen technischen Stand der Digitalisierung angepasst.

Die GoBD als Beurteilungsmaßstab für die Ordnungsmäßigkeit der Buchführung enthalten insbesondere Ausführungen zu Anforderung an

- das Belegwesen und die Aufzeichnung der Geschäftsvorfälle,
- das Interne Kontrollsystem (IKS),
- die Datensicherheit,
- die Aufbewahrung von Geschäftsunterlagen,
- die Nachvollziehbarkeit und Nachprüfbarkeit und
- den Datenzugriff.

Verstöße können zur Verwerfung der Buchführung und je nach Ausmaß zu einer Voll- oder Zuschätzung führen (siehe auch Egner 2016, S. 314 f.). Insbesondere im Rahmen der Betriebsprüfungen zeigt sich, dass noch häufig gegen die GoBD verstoßen wird (Philipps und Wilting 2016, S. 119 ff.).

Für die Steuerberatungskanzleien wirft das modernisierte Besteuerungsverfahren mit den noch vorhandenen Medienbrüchen Probleme auf. Die Automatisierung der Steuerfestsetzung führt unter anderem dazu, dass zunächst Belege von der Finanzverwaltung zurückgegeben werden, jedoch mit dem Hinweis, diese im Bedarfsfall zu einem späteren Zeitpunkt anzufordern. Für den Steuerberater führt dies zu einem erheblichen Zusatzaufwand, da bei einer Bedarfsanfrage in der Regel einzelne Belege vorgelegt werden sollen. Dies wird sich ab dem VZ 2017 noch einmal verstärken, da dann bei Steuererklärungen über ELSTERonline nur noch das Prinzip der Beleganforderung Anwendung findet. Aus der Belegvorlagepflicht wird eine Belegvorhaltepflicht.

Zur Lösung dieser Problematik wird derzeit das sog. Containermodell diskutiert, bei dem die Belege der Finanzverwaltung digital zur Verfügung gestellt werden, sodass für die Finanzverwaltung Zugriff auf die im Bedarfsfall gewünschten Belege besteht. Ein Herausfiltern der entsprechenden Belege durch den Steuerberater entfällt somit. Derartige Cloud-Lösungen könnten später ggf. auch einzelne Aufbewahrungsvorschriften ersetzen.

Probleme bereitet derzeit auch noch die Datenqualität. Erste Studien haben ergeben, dass hohe Fehlerquoten bei den elektronisch übermittelten Daten vorliegen, wobei die Fehlerquellen sowohl bei der Finanzverwaltung als auch den Steuerberatern und den Steuerpflichtigen zu finden sind (StBK Nürnberg, 4/2017, S. 14).

Die Digitalisierung des Rechtsbehelfsverfahrens ist ebenfalls bereits partiell erfolgt. Ein Einspruch gegen einen Steuerverwaltungsakt kann über das Elster-Onlineportal elektronisch eingelegt werden. Demgegenüber ist die Erhebung einer Klage über diesen Weg mangels elektronischer Signatur unzulässig (§ 52a FGO; FG Münster, Urteil vom 26.04.2017, 7 K 2792/14 E; Kessens 2017, S. 3267). Allerdings können die Steuerberater das Elektronische Gerichts- und Verwaltungspostfach (EGVP-Postfach; www.egvp.de) nutzen.

Für die umgekehrte Kommunikationsrichtung müssen Steuerberater ab 01.01.2018 einen sicheren elektronischen Kommunikationsweg für die Zustellung von Unterlagen durch die Gerichte bereithalten (§ 174 Abs. 3 ZPO i. V. m. § 130a Abs. 4 ZPO). Derzeit erfüllt nur die De-Mail mit einer Ende-zu-Ende-Verschlüsselung die entsprechenden Anforderungen (StBK Nürnberg 4/2017, S. 34). Ab 2022 sind Steuerberater – ebenso wie Rechtsanwälte – dazu verpflichtet, Unterlagen elektronisch zu übermitteln (§ 52d FGO). Die Bundessteuerberaterkammer wurde vor diesem Hintergrund von der Bundeskammerversammlung im September 2017 aufgefordert, die Einrichtung eines „Steuerpostfaches" – vergleichbar dem elektronischen Anwaltspostfach – zu prüfen (StBK Nürnberg 4/2017, S. 16).

3.2 Digitalisierung der Unternehmensprozesse

Spätestens seit der Digitalisierung wird die herausragende Bedeutung von Daten für die Unternehmen in allen Bereichen breit diskutiert. Dies gilt auch für kaufmännische Daten, die erfasst und verarbeitet werden. Die Digitalisierung ist in den Unternehmen bereits weit fortgeschritten, wie verschiedene Studien belegen, auch wenn der Digitalisierungsgrad je nach Unternehmensbereich unterschiedlich ist. Knapp die Hälfte der mittelständischen Unternehmen gibt an, die kaufmännische Datenerfassung und -verarbeitung vollständig digitalisiert zu haben, gut 40 % haben diese Prozesse teilweise digitalisiert (Egner 2016, S. 50). Zu ähnlichen Ergebnissen kommen Becker und Vogt, die aber insbesondere auch darauf hinweisen, dass die Digitalisierung häufig nicht auf Basis der IT-Gesamtplanung des Unternehmens erfolgt (2015, S. 438). Die Anforderungen an kaufmännische Daten (insb. Aktualität, Korrektheit, Vergleichbarkeit, Nachvollziehbarkeit, Transparenz und Vollständigkeit) sollen durch die Digitalisierung besser erreicht werden.

Die Digitalisierung hat – wie Tab. 3.1 zeigt – auch zu einer Änderung der Datennutzung geführt.

Für den Berufsstand von Bedeutung ist auch, dass die Digitalisierung der Datenerfassung und -aufbereitung bei mittelständischen Unternehmen nur selten (ca. 16 % der Fälle) von Steuerberatern oder Wirtschaftsprüfern angestoßen wurde. Die Unternehmen geben vielmehr an, dass unternehmensinterne Personen die Digitalisierung vorangetrieben haben (Egner 2016, S. 55 f.).

Dementsprechend wird ein hoher Anteil der digitalen Datenerfassung und -verarbeitung unternehmensintern vollzogen. Den größten externen Anteil weist die Steuerdeklaration auf, die von vielen Unternehmen an den Steuerberater delegiert wird. Soweit eine externe Unterstützung des Unternehmens bei der Digitalisierung erfolgt, dominiert der Steuerberater/Wirtschaftsprüfer (S. 64 f.).

Die tatsächliche Rolle des Steuerberaters bei der Umsetzung der Digitalisierung in den klein- und mittelständischen Unternehmen dürfte aber höher sein, da 26 % der Unternehmen, die kaufmännische Software nutzen, angaben, die Digitalisierung mit DATEV-Programmen durchzuführen (S. 51). Zudem gaben 86 % der Unternehmen an, dass die BWA das wichtigste Kennzahleninstrument ist (S. 41). Da die BWA ein klassisches Instrument der Steuerberatung ist, scheint dies wiederum den Einfluss des Berufsstands auf die Unternehmen zu dokumentieren. Der Steuerberater und Wirtschaftsprüfer gilt in den Unternehmen als der wichtigste externe Standardsetter neben der internen Geschäftsleitung für die Datenauswertung (29 % der Unternehmen). Bei kleineren Unternehmen (bis 9 Mitarbeiter) sind es sogar 41 % (S. 63).

Für den Steuerberater ebenfalls von Interesse ist, dass nur in etwa der Hälfte der Unternehmen eine zentrale Datenhaltung erfolgt, dies aber ca. 75 % der Unternehmen für wünschenswert halten (S. 52). Da insbesondere kleinere Unternehmen den Wunsch nach solchen Datenpools äußern, besteht hier Potential

Tab. 3.1 Veränderungen durch Digitalisierung

Veränderung durch Digitalisierung	Zustimmung (%)
Vereinfachter Datenzugriff	81
Zusätzliche Auswertungsmöglichkeiten	77
Aktuellere Daten	71
Geringere Fehlerquoten	63
Gestiegene Bedeutung von Daten/Kennzahlen	54

Datenquelle: Egner 2016, S. 53

für den Steuerberater, da die Unternehmen selbst häufig nicht über die notwendige Expertise verfügen.

Die Zielsetzung der Digitalisierung erfasst den gesamten Datenprozess vom Beleg bis zur Auswertung. Dies bedingt mittelfristig den Übergang zur Elektronischen Rechnung. Die Prozesse des Scannens sind dementsprechend nur Übergangstechnologien. Durch die Weiterentwicklung der OCR-Technik folgt hier unmittelbar die automatische Rechnungsverbuchung (Gutenberg und Giesen 2017, S. 24 ff.). Mit ZuGFerD liegt auch bereits ein standardisiertes Format für elektronische Rechnungen vor.

Folgen auf Ebene der Finanzverwaltung

Neben der Forderung der Wirtschaft nach einer medienbruchfreien Prozessgestaltung verfolgt die Finanzverwaltung auch eigene Interessen. Die manuelle Abwicklung der Steuerfestsetzung, insbesondere die Überprüfung der Deklarationen der Steuerpflichtigen ist zeitaufwendig und personalintensiv.

Die Freisetzung von Ressourcen gelingt durch ein auf der Digitalisierung basierendes Risikomanagement. Das Auffinden typischer Muster von Steuervergehen ist eine der Automatisierung gut zugängliche Aufgabe. Auf Basis von Compliance-Faktoren kann die Finanzverwaltung die Steuerdeklarationen als risikoarm bzw. risikoreich klassifizieren. Die risikoreichen Deklarationen werden weiteren Prüfungen unterzogen, risikoarme Prüfungen unmittelbar – und automatisch – ohne weitere Prüfung durch einen Finanzbeamten beschieden.

Diese verwaltungsökonomisch gestaltete Prüfung der Steuerdeklaration der Steuerpflichtigen entspricht dem risikoorientierten Ansatz, der auch in der Wirtschaftsprüfung zum Einsatz kommt. Er basiert auf der Abwägung der möglichen Risiken (=Steuerausfälle) und der Prüfkosten.

Durch die Digitalisierung schafft die Finanzverwaltung zudem die Datengrundlage für das Risikomanagement, da große Mengen unternehmensbezogener Vergleichsdaten entstehen. Zur Prüfung einer E-Bilanz stehen dem Finanzbeamten zum Beispiel Vorjahreswerte sowie Branchenvergleichsdaten zur Verfügung. Zu den Daten gehört auch die Frage der Mitwirkung eines Steuerberaters an der Steuerdeklaration. Vor diesem Hintergrund wurde schon zu Beginn der Digitalisierung des Besteuerungsverfahrens die Diskussion geführt, inwieweit der Steuerberater ein positiver oder negativer Compliance-Faktor im Risikomanagementsystem der Finanzverwaltung sein kann. Während auf der einen Seite argumentiert wird, dass die Inanspruchnahme eines Steuerberaters zur Führung der Bücher und der Erstellung der Steuerdeklaration einen positiven Einfluss auf

© Springer Fachmedien Wiesbaden GmbH 2018

T. Egner, *Digitale Geschäftsmodelle in der Steuerberatung*, essentials,

https://doi.org/10.1007/978-3-658-21161-5_4

den Erfüllungsgrad der steuerlichen Vorschriften nimmt (=positiver Compliance-Faktor), wird auf der anderen Seite die auf das Steuersparen abzielende Beratungsfunktion des Steuerberaters gesehen, die zumindest auch moralisch fragliche (aber legale) Gestaltungen, im Einzelfall aber auch illegale Steuerumgehung umfassen kann (=negativer Compliance-Faktor). Bisher hat die Finanzverwaltung stets betont, dass es keinen beraterbezogenen Compliance-Faktor gibt.

In § 88 Abs. 5 AO wurde mit Wirkung zum 01.01.2017 eine rechtliche Grundlage zum Einsatz solcher Risikomanagementsysteme (siehe Abb. 4.1) geschaffen. Fraglich ist, ob der Ermittlungspflicht von Amts wegen (§ 88 Abs. 1 AO) dadurch Rechnung getragen werden kann, da das Risikomanagementsystem nur hinsichtlich

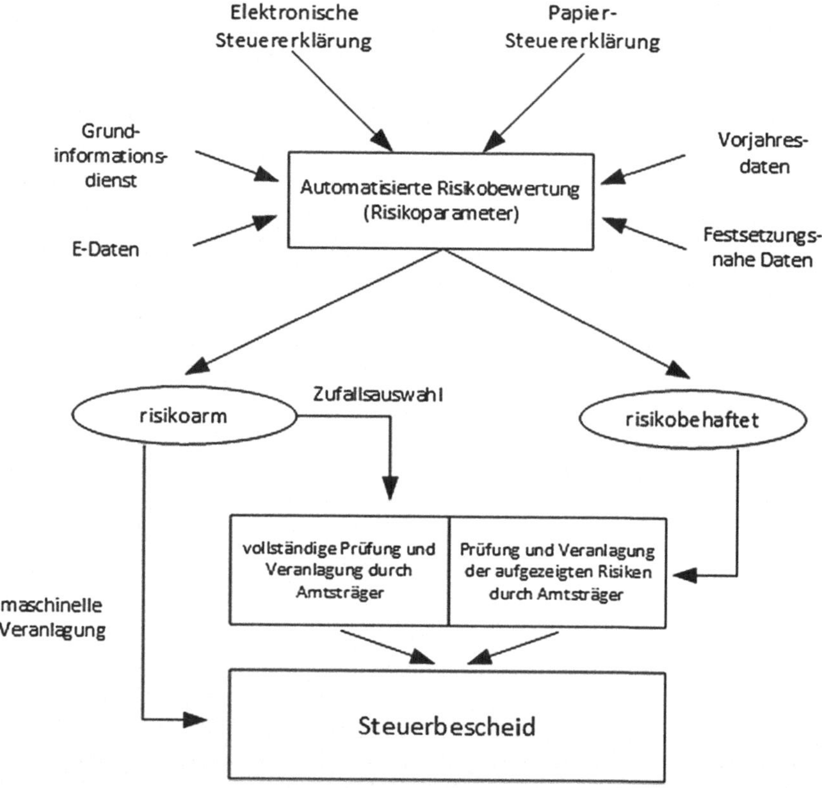

Abb. 4.1 Risikomanagementsystem der Finanzverwaltung. (Erweiterte Abbildung in Anlehnung an Marx 2016, S. 361)

möglicher Steuerausfällen prüft. Die Risikoparameter sollen nicht veröffentlicht werden (§ 88 Abs. 5 Sa. 4 AO), § 86 FGO ist dahingehend ergänzt worden, dass auch im finanzgerichtlichen Verfahren keine Veröffentlichung erfolgt. Dies soll verhindern, dass die Steuerpflichtigen ihr Deklarationsverhalten an den Parametern ausrichten.

Soweit das Risikomanagementsystem Auffälligkeiten feststellt, beschränkt sich die Prüfung durch den Sachbearbeiter auf diese. Daneben werden per Zufallsauswahl einzelne Steuererklärungen vollständig manuell geprüft (Engelhardt 2014, S. 14 f.).

Die ersten Schritte der Digitalisierung erfolgten ursprünglich im Bereich der Betriebsprüfung. Dem Betriebsprüfer sind nach § 147 Abs. 6 AO aufzubewahrende Unterlagen im Sinne des § 147 Abs. 1 AO, die elektronisch gespeichert werden, auf Wunsch zur maschinellen Auswertung zur Verfügung zu stellen. Der digitale Zugriff umfasst alle Daten, die für die Besteuerung von Bedeutung sind (§ 147 Abs. 1 Nr. 5 AO). Die digital vorliegenden Daten geben der Finanzverwaltung auch die Möglichkeit statistischer Tests zur Prüfung, inwieweit Aufzeichnungen plausibel sind (Krehl 2014, S. 150 ff.). Zudem kann die Auswahl zu prüfender Unternehmen auf Basis der E-Bilanzen erfolgen.

Auch die Digitale LohnSchnittstelle, (DLS), die zum 01.01.2018 eingeführt wurde, hat die Zielsetzung den Prüfern einer Lohnsteuer-Außenprüfung einheitlich strukturierte Datensätze zur Verfügung zu stellen. Die Prüfer benötigen somit kaum mehr Zeit für die Datenaufbereitung und können sich unmittelbar der Datenauswertung mittels Prüfsoftware widmen (zu Details Eismayr und Kirsch 2016, S. 40 ff.).

Die Digitalisierung betrifft nicht nur die direkten Steuern. Für die Verbrauch- und Verkehrsteuern soll eine Plattform entwickelt werden, über die alle steuerlichen Verpflichtungen abgewickelt werden können (BMF 2017, S. 37 ff.).

Erwartungen der Mandanten

Zu den Erwartungen der Unternehmen hinsichtlich der Digitalisierung besteht eine Vielzahl empirischer Untersuchungen, die sich meist aber auf den Kontext „Industrie 4.0" beziehen und somit den Leistungsprozess in den Mittelpunkt stellen.

Durch die Digitalisierung werden die Aktualität, Korrektheit und Nachvollziehbarkeit der Daten erhöht. Die Effizienz soll erhöht und die Auswertungsmöglichkeiten sowie die Datenqualität verbessert werden (AK Externe Unternehmensrechnung 2018, S. 302 ff.).

Die Erwartungen an die Digitalisierung gehen somit weit über die Konzeptionsstufe „Big Data" hinaus. Um Nutzen aus den Daten ziehen zu können, ist über deren Auswertung zur Vergangenheitsbeschreibung der Prognosecharakter von Bedeutung. Vergleichbar den Stufen des Entwicklungspfades zur Industrie 4.0 (Schuh et al. 2017, S. 12 ff.) soll die Digitalisierung dazu führen, dass

- Daten in Echtzeit zur Verfügung stehen,
- verschiedene Datenquellen vernetzt werden,
- durch Big Data Analytics bekannte Hypothesen getestet werden,
- neue Zusammenhänge erkannt werden (Smart Data),
- entscheidungsunterstützende Informationen generiert werden und
- letztendlich sogar automatisierte Entscheidungsprozesse ablaufen können.

Der Übergang von Big Data Analytics zu Smart Data bedeutet dabei, dass sich die Fragestellung ändert. Während bei Big Data Analytics eine bekannte Hypothese getestet wird, stehen bei Smart Data neue Zusammenhänge im Mittelpunkt.

Die Unternehmensdaten sind dann nur noch ein Teil der gesamten der Analyse zu Grunde liegenden Daten. Eine Übertragung auf die Besteuerung ist denkbar,

© Springer Fachmedien Wiesbaden GmbH 2018

T. Egner, *Digitale Geschäftsmodelle in der Steuerberatung*, essentials,

https://doi.org/10.1007/978-3-658-21161-5_5

wenn weltweit die Informationen über möglich Steueränderungen zusammengeführt und ausgewertet werden. Die Grundlage für Steuerplanungen und deren regelmäßige Anpassung würde sich deutlich verbessern.

Diese zunächst theoretisch anmutenden Ausführungen sind vom technisch möglichen nicht weit entfernt. In 2015 wurde im Handelsblatt ein Artikel mit der Überschrift „Der Schatz im Keller" veröffentlicht (Hofer 2015, S. 18). Der Beitrag bezieht sich auf die Datenbestände der DATEV eG. Als IT-Dienstleister des steuerberatenden Berufs verfügt die DATEV über eine der größten Sammlungen betrieblicher Daten aus dem Rechnungswesen, den Jahresabschlüssen und den Steuerdeklarationen. Derzeit werden diese Daten kaum ausgewertet – lediglich Daten zum Betriebsvergleich werden teilweise zur Verfügung gestellt. Durch die Verbindung dieser Daten mit weiteren Informationen erscheint der Schritt zur Smart Data Analytic nicht mehr weit. Für die Steuerberater wäre dies ein weiterer Zugang zu qualifizierten Dienstleistungen gegenüber den Mandaten.

Die Anforderungen der Unternehmen können heute bereits weitgehend erfüllt werden. Information jederzeit über eine Cloud abzurufen, ist Realität. Viele Unternehmer wünschen sich nicht nur das Ende der aufzubewahrenden Papierberge und eine digitale Abbildung dessen, was in der Vergangenheit auf Papier an Auswertungen erstellt wurde. Zielsetzung ist die darüber hinaus gehende Informationsgewinnung durch Smart Data.

Folgen für das Geschäftsmodell der Steuerberatung

Die Bundessteuerberaterkammer hat sich der Einflüsse auf das Geschäftsmodell der Steuerberatung angenommen und Empfehlungen für eine zukunftsfähige Kanzlei herausgegeben. Die Analyse „Steuerberatung 2020" beinhaltet drei Teilbereiche:

- Veränderungsnotwendigkeit
- Veränderungsmöglichkeiten und
- Handlungsfelder

Die BStBK greift in dieser Studie auch das Thema der Digitalisierung an zentraler Stelle auf und fordert zur konsequenten Digitalisierung der Geschäftsprozesse auf (S. 66). Im Ergebnis werden sechs verschiedene Kanzleitypen betrachtet und neun Handlungsfelder identifiziert, die Kanzleien zukunftsfähig machen sollen. Den Hinweis auf die Auswirkungen des technologischen Fortschritts auf die Berufsausübung sowie die notwendige Stärkung der Betriebswirtschaftlichen Beratung hatte die BStBK bereits in 1991 im Rahmen der Studie „Der Steuerberater auf dem Weg in das 21. Jahrhundert" hervorgehoben (Gilgan 1996, S. 79 ff.).

Das Kanzleimanagement, die Personalentwicklung sowie das Leistungsspektrum sind wesentliche Bereiche, die auch in der Studie der BStBK beinhaltet sind, jedoch nicht zentral aus dem Blickwinkel der Digitalisierung betrachtet werden. Insofern wurde eventuell das disruptive Potenzial für die Entwicklung des Geschäftsmodells der Steuerberatung unterschätzt.

© Springer Fachmedien Wiesbaden GmbH 2018

27

T. Egner, *Digitale Geschäftsmodelle in der Steuerberatung,* essentials, https://doi.org/10.1007/978-3-658-21161-5_6

6.1   Kanzleimanagement

Die Digitalisierung erfordert erhebliche Anpassungen des Kanzleimanagements. Dies betrifft sowohl die internen Kanzleiprozesse und -strukturen sowie den nach außen gerichteten Kanzleiauftritt.

Für die Umsetzung der Digitalisierung sind erhebliche Investitionen in die IT-Struktur der Kanzleien erforderlich, um die anfallenden Datenmengen verarbeiten zu können. Dabei sehen sich nach eigenen Angaben die Kanzleien bereits heute steigenden EDV-Kosten gegenüber (65 % der Kanzleien, BStBK 2016, 5.5.7). Die Gründe für die Kostensteigerungen sehen 70 % in der Digitalisierung der Kanzleiprozesse und 71,4 % in steigenden Anforderungen durch das E-Government (BStBK 2016, 5.5.8).

Um die Vorteile der Digitalisierung nutzen zu können, muss der Steuerberater zu jedem Zeitpunkt und an jedem Ort auf die Mandantendaten zugreifen können. Dazu ist der Aufbau eines digitalen Dokumenten-Management-Systems (DMS) erforderlich. Allerdings zeigen die Ergebnisse der STAX 2015-Umfrage der BStBK, dass nur etwas weniger als die Hälfte ein digitales DMS in der Kanzlei implementiert hat. Auch bei anderen Kanzleiprozessen ist der Digitalisierungsgrad noch keineswegs hoch (siehe Tab. 6.1).

Ein medienbruchfreier digitaler Bearbeitungsprozess bedingt vor allem eine digitale Schnittstelle zum Mandanten und einen digitalen Belegaustausch. Die detaillierteren Ergebnisse nach der Nutzungshäufigkeit liegen nur nach West- und Ostdeutschland getrennt vor. Deutlich wird jedoch, dass nur in wenigen Kanzleien die Prozesse überwiegend (Werte in Klammern: West/Ost) digitalisiert ablaufen.

Tab. 6.1 Digitale Kanzleiprozess

Kanzleiprozess	Digitaler Nutzungsgrad (%)
Digitale Kontoauszüge	69,7 (40,6/39,6)
Elektronisches Steuerkonto	65,5 (35,6/32,2)
Vollmachtsdatenbank/Abruf vorausgefüllte Steuererklärung	54,6 (18,3/19,3)
Digitale Schnittstelle zu Mandanten	53,9 (8,6/9,3)
Digitale Buchführung	53,6 (10,2/9,0)
Steuerbescheid Rücktransfer	52,8 (26,6/28,7)
Dokumenten-Management-System	48,4 (26,8/32,2)
Digitaler Belegaustausch	47,2 (12,5/12,4)

Datenquelle: BStBK 2016, 8.4.1/8.4.2

Dabei ist zu beachten, dass sich das digitale Belegwesen noch weiter entwickeln wird. Elektronische Rechnungen und OCR-Erkennung bilden die Grundlage der automatischen Belegverarbeitung.

Neben der Innenstruktur muss auch der Kanzleiauftritt nach außen angepasst werden und moderne Medien, einschließlich Social Media, umfassen. Derzeit sind nur knapp 70 % der Steuerberatungskanzleien im Internet vertreten. Hier zeigt sich ein besonderes Defizit der Einzelkanzleien. 46 % der Einzelkanzleien verfügen über keinen Internetauftritt, aber nur (oder eher „immerhin") 7,8 % der Sozietäten und Steuerberatungsgesellschaften weisen keinen Internetauftritt auf. Die Social Media Präsenz ist noch einmal deutlich geringer. Nur 13 % der Kanzleien sind auf Facebook vertreten. Wiederum sind Sozietäten und Steuerberatungsgesellschaften stärker vertreten (15,2 %) wie Einzelkanzleien (5,5 %). Gerade die fehlende Präsenz bei den Social Media ist nicht nur ein Problem der Mandantengewinnung, sondern vor allem auch für die Personalgewinnung nachteilig.

Für Einzelkanzleien ist diese Tendenz äußerst problematisch. Existenzgründer, gerade mit digitalen Geschäftsmodellen, suchen auf digitalem Weg nach einem passenden Berater. Dieser potenzielle Mandantenkreis dürfte für die nicht im Internet und den Sozialen Medien präsenten Einzelkanzleien nicht zugänglich sein. Insofern weisen die digital präsenten Sozietäten gerade bei den innovativen Zukunftsbranchen einen erheblichen Wettbewerbsvorteil auf.

Die digitale Kanzlei ermöglicht auch flexiblere Arbeitsbedingungen (siehe auch Bodmann 2016, S. 3968), da Teilzeitmodelle einfacher umzusetzen sind und das Home Office mit flexiblen Arbeitszeiten problemlos umgesetzt werden kann. Dies erscheint insbesondere für international agierende Kanzleien mit Mandanten in verschiedenen Zeitzonen von Vorteil. Die Kanzleimitarbeiter müssen dabei vom Home Office aus Zugang zu den notwendigen Kanzleiunterlagen erhalten.

Zudem bildet die digitale Kanzlei die Grundlage für eine Ausweitung des Leistungsspektrums der Kanzlei, wenn der Mandant selbständig auf seine in der Kanzlei aufbereiteten Daten zugreifen können soll. Zielsetzung muss es dabei wiederum sein, dass der Mandant von jedem Ort und zu jeder Zeit Buchungsdaten oder betriebswirtschaftliche Daten abrufen kann.

Von entscheidender Bedeutung für die Umsetzung der digitalen Kanzlei ist der Datenschutz und die Datensicherheit sowie die IT-Sicherheit. Letzteres betrifft das IT-System und umfasst die jederzeitige Funktionsfähigkeit der Kanzlei-IT mit den entsprechenden Funktionalitäten. Das IT-System bedarf der notwendigen Stabilität und muss gegen Angriffe von außen geschützt werden (zum Beispiel gegen Löschen oder Verschlüsselung). Die Datensicherheit bezieht sich demgegenüber auf den Zugriff der Daten. Diese Problematik ist bereist aus der papierbasierten Kanzleiorganisation bekannt, verschärft sich mit der Digitalisierung erheblich, wie die verschiedenen „Daten-Leaks" der letzten Jahre bei Regierungsbehörden oder Banken zeigen. Dementsprechend muss das IT-System einen umfassenden Schutz gegen den Datenzugriff von außen bieten. Probleme bereiten hier häufig die Schnittstellen zu den Mandanten. Während in der Industrie die digitale Vernetzung mit den Zulieferbetrieben ein Einfallstor für Cyberkriminalität darstellt (Kerkmann 2018, S. 18), muss der Steuerberater sicherstellen, dass das IT-System bei der Datenübertragung vom Mandanten in die Kanzlei nicht durch Schadsoftware infiziert wird oder Daten abgegriffen werden können.

Zudem muss auch kanzleiintern ein System der Zugriffsrechte gewährleisten, dass nur jeweils berechtigte Mitarbeiter benötigte Daten abrufen können. Der Datenschutz bezieht sich entsprechend der EU-Datenschutz-Grundverordnung und dem neuen Bundesdatenschutzgesetz darauf, dass insbesondere personenbezogene Daten nicht missbräuchlich genutzt werden und somit die Privatsphäre einer Person nicht verletzt wird. Dies betrifft sowohl die Kundendaten als auch die Mitarbeiterdaten. Dementsprechend müssen die notwendigen Rechenschafts- und Verzeichnispflichten (Art. 5 Abs. 2, Art. 30 Abs. 1 DS-GVO) erfüllt werden. Diese Verpflichtungen sind insbesondere vor dem Hintergrund umfangreicher digitalisierter Verarbeitungsvorgänge personenbezogener Daten der Mandanten (Auftragsbearbeitung), zum Beispiel der Lohn- und Gehaltsabrechnungen, zu beachten (ausführlich zu den Folgen für die Kanzleien: Backu 2017, S. 2699 ff.; Hamminger 2017, S. 2364 ff.).

Notwendig sind vor diesem Hintergrund konkrete Handlungsanweisungen über den Umgang mit IT-Hilfsmitteln wie zum Beispiel mobile Datenträger. Diese können die IT-Sicherheit gefährden, wenn zum Beispiel mit einem USB-Stick Schadsoftware in das System eingebracht wird (Rossow und Sorge 2018, S. 9).

Daneben muss die Kanzleikommunikation ebenso das notwendige Schutzniveau aufweisen. Dies umfasst konkrete Kanzleirichtlinien zur Benutzung von E-Mail-Adressen ebenso wie die Verschlüsselungstechnik. Auch Details wie die in der Betreffzeile einer Mail benannten Inhalte sollten geregelt werden, da die Betreffzeile einer Mail zu den Metadaten gehört, die bei einer Übertragung nicht verschlüsselt werden. Dementsprechend sollte die Betreffzeile nie sensible Daten enthalten (Vogelgesang 2018, S. 5). Auch für den Einsatz von Smartphones sollten Richtlinien erstellt werden, da bereits das Aufladen eines Smartphones am Computer mittels USB-Kabel ein Sicherheitsproblem darstellen kann.

Insofern ist der IT-Sicherheit, der Datensicherheit und dem Datenschutz zum einen durch entsprechende IT-Maßnahmen zum Schutz gegen mögliche IT-Risiken Rechnung zu tragen (technische Ebene). Zum anderen sind Richtlinien für die Kanzleimitarbeiter zum risikominimierenden IT-Verhalten aufzustellen (Verhaltensebene).

Den Kanzleien stehen allgemeine bzw. auf Steuerberaterkanzleien ausgerichtete Muster zur Verfügung:

- IT-Grundschutz-Katalog des Bundesamtes für Sicherheit in der Informationstechnik: https://www.bsi.bund.de/DE/Themen/ITGrundschutz/ITGrundschutzKataloge/itgrundschutzkataloge_node.html;jsessionid=ABA122C79941DD98D0B3DFC97EBA3BC6.2_cid369
- Richtlinienmuster der DATEV eG: https://www.datev.de/web/de/media/datev_de/pdf/broschuere_verhaltensregeln_informationssicherheit.pdf.

Darüber hinaus müssen sich die Kanzleien auf die Weiterentwicklung der IT einstellen. Die Sprachsteuerung wird verstärkt in den Vordergrund treten. Dies betrifft zum Beispiel die Informationsabfrage durch den Mandanten zu steuerlichen Fragen (Wissensdatenbanken) ebenso wie die Ausführung von Transaktionen wie das Abrufen von Bescheiddaten (zu ersten Beispielen mit „Alexa": Schneider 2017, S. 30 f.).

6.2   Personalentwicklung

Die Digitalisierung nimmt erheblichen Einfluss auf die Personalstruktur von Kanzleien. Neben den Berufsträgern werden aktuell vor allem Steuerfachangestellte, Steuerfachwirte und Bilanzbuchhalter beschäftigt. Langfristig werden gerade die heute von Steuerfachangestellten übernommenen Tätigkeiten durch die Digitalisierung abnehmen. Deshalb wird auf Ebene der Steuerberaterkammern intensiv über die Anpassung der Ausbildungsprogramme sowie die Schaffung geeigneter Fortbildungsprogramme diskutiert. Neben der Fortbildung in den Vorbehaltsaufgaben zum Steuerfachwirt werden insbesondere Fortbildungen zu Fachassistenten neu konzipiert. So soll der neue Fachassistent Rechnungswesen/Controlling eingeführt werden. Dieser Personenkreis soll insbesondere die spezifischen Grundlagen für die Betriebswirtschaftliche Beratung vorbereiten, die eine höhere Bedeutung im Leistungsspektrum einnehmen werden.

Die Ausrichtung auf die Bereiche internes und externes Rechnungswesen, Buchführung und Bilanzierung, BWA, Jahresabschluss, Controlling und Unternehmensplanung (StBK Nürnberg, 4/2017, S. 13) erscheint zielführend, da die Mandanten der Steuerberatungskanzlei gerade in diesem Bereich besondere Kompetenzen zusprechen. Zugleich gewinnt der Bereich des Controllings für die Unternehmen im Rahmen der Digitalisierung erheblich an Bedeutung, da zeitnahe Informationen über die Unternehmensprozesse – im Idealfall in Echtzeit – zur Unternehmenssteuerung zwingend erforderlich sind. Daneben wurde bereits der Fachassistent Lohn und Gehalt eingeführt, der zusätzliche Leistungen im

Bereich der digitalisierbaren Lohn- und Gehaltsabrechnungen ermöglichen soll. Diese als „People Analytics" bezeichneten Auswertungen sollen die Daten aus dem Personalwesen mit anderen Unternehmensdaten verbinden. Dies umfasst auch sozialversicherungsrechtliche Fragestellungen sowie die Digitalisierung der Datenübertragung im Bereich der Lohnsteuer und der Sozialversicherung.

Über die fachliche Weiterbildung hinaus erfordert die Digitalisierung eine Erweiterung des Mitarbeiterspektrums. Die IT-Anforderungen im Rahmen der Kanzleiorganisation, aber insbesondere auch in der Mandantenberatung nehmen enorm zu. Zwar besteht die Möglichkeit durch IT-Dienstleister wie die DATEV Teile der Aufgabe auszulagern, jedoch ist für einen medienbruchfreien Datenerfassungs- und Datenverarbeitungsprozess die gesamte Prozesskette beim Mandaten und der Kanzlei zu implementieren. Der Mandant erwartet entsprechende Kompetenzen bei der Prozessimplementierung, der Hardwareebene und auch der Softwareebene. Zudem ist kanzleiintern zur Ausweitung des Leistungsspektrums entsprechende IT-Kompetenz notwendig, zum Beispiel um Verfahrensdokumentationen und IT-Sicherheitskonzepte/Datensicherheitskonzepte zu entwickeln. Es ist zu erwarten, dass Wirtschaftsinformatiker vermehrt in Steuerberatungskanzleien attraktive Beschäftigungsmöglichkeiten finden, insbesondere, wenn gleichzeitig ein steuerliches Grundverständnis gegeben ist.

Die Veränderungen des Leistungsspektrums werden zudem zur vermehrten Beschäftigung von Wirtschaftswissenschaftlern ohne Berufsstandsqualifikation als Steuerberater führen. In Beratungsteams aus Steuerberater, Wirtschaftsinformatiker und Wirtschaftswissenschaftler kann der gesamte Prozess der Datengenerierung, der Steuerberatung und der darüber hinaus gehenden Betriebswirtschaftlichen Beratung umfänglich abgedeckt werden.

Der Versuch einer quantitativen Abschätzung der Personalstrukturentwicklung einer zukünftigen Kanzlei findet sich in Abb. 6.1. Die einzelnen Entwicklungstrends sind für die Personengruppen zu verstehen und nicht jeweils in Relation zu den anderen Gruppen.

Die steigenden IT-Anforderungen betreffen in erheblichem Maße den Steuerberater selbst. Die Bundessteuerberaterkammer weist darauf auch bereits in der Broschüre „Werden Sie Steuerberater" (BStBK 2017b, S. 19) hin.

Die Digitalisierung beeinflusst auch die Art der Aus- und Fortbildung in den steuerberatenden Berufen. Mittels E-Learning besteht die Möglichkeit jederzeit ortsunabhängig auf die Lerninhalte zuzugreifen. Dies unterstützt das Lernverhalten positiv, da insbesondere bei Präsenz-Tagesseminaren die Aufmerksamkeit und die Aufnahmefähigkeit der Teilnehmer im Laufe der Zeit stark abnimmt. Zudem können einzelne Einheiten ausgelassen bzw. bei Bedarf wiederholt werden. Web Based Trainings können entweder im Internet oder im Intranet zur Aus- und Fortbildung genutzt werden. Häufig besteht auch die Möglichkeit im Rahmen von

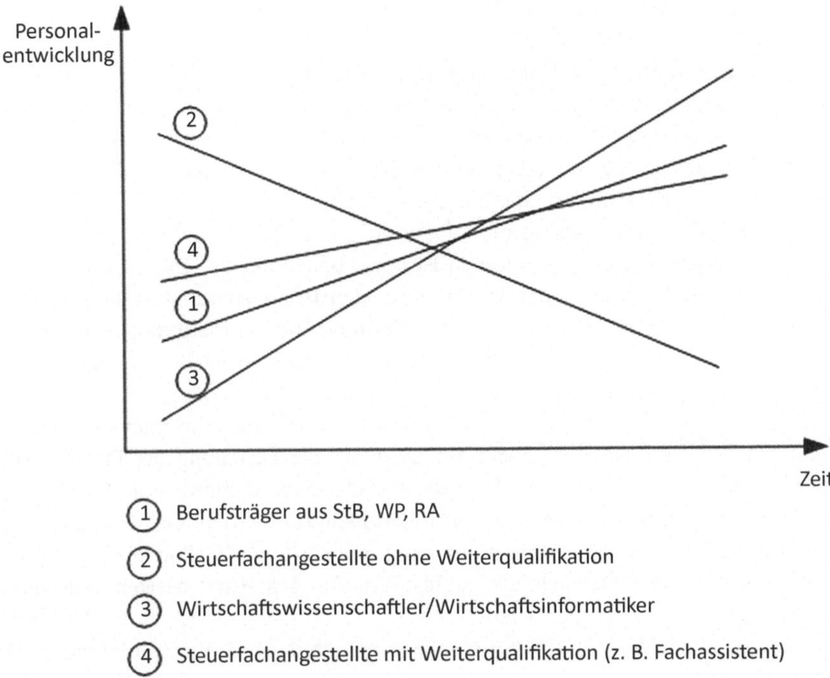

Abb. 6.1 Entwicklung der Personalstrukturen

Chats mit den Dozenten oder anderen Teilnehmern zu kommunizieren. Um die Vorteile von Präsenz- und Online-Lernen miteinander kombinieren zu können, nimmt das Blended-Learning-Angebot ständig zu und wird von den Steuerberatungskanzleien auch zunehmend genutzt.

6.3 Leistungsspektrum

Die Steuerberater betreuen ihre Mandanten derzeit vor allem in den Vorbehaltsaufgaben und darüber hinaus mehr oder weniger intensiv in den vereinbaren Tätigkeiten, vor allem in der Betriebswirtschaftlichen Beratung. Entscheidend für das zukünftige Leistungsangebot des Steuerberaters sind zwei Komponenten: das Vertrauen der Mandanten und die neue Macht der Daten.

Das dem Steuerberater vonseiten der Unternehmen entgegengebrachte Vertrauen wurde bereits mehrmals erwähnt. Der Steuerberater gilt als derjenige Berater mit der engsten Beziehung zum Unternehmen. „Der Mittelstand vertraut seinen Steuerberatern" (Oehring 2015, S. 521).

Die Unterstützung der Unternehmen bei der Digitalisierung sowie der digitale Datenaustausch zwischen Unternehmen und Steuerberatern werden zukünftig das Leistungsspektrum dominieren. Dies knüpft insofern an die traditionelle Geschäftsgrundlage der steuerberatenden Berufe an, als bereits früh die Erkenntnis gereift ist, dass die Buchhaltung „der Schlüssel zu allen Unternehmenszahlen [ist], die schließlich in die Bilanz eingehen. Die Steuererklärungen und Beratungsempfehlungen des externen Beraters bauen auf der Buchhaltung auf." (Vollmer 1991, S. 28). Für den steuerberatenden Berufsstand ist es somit unabdingbar, die Digitalisierung der Datenerfassung und -aufbereitung der Unternehmen zu begleiten, um weiterhin bzw. im verstärkten Maße Zugang zu der Betriebswirtschaftlichen Beratung des Mandanten zu bekommen.

Bereits heute dient das Rechnungswesen als Basis für eine intensive Beziehung mit den Unternehmen. Nicht zuletzt durch die Gründung der DATEV eG konnten die Steuerberater den Prozess der Datenverarbeitung optimieren und so den Unternehmen notwendige Informationen für betriebliche Entscheidungen liefern. Die Digitalisierung stellt lediglich die logische Fortsetzung dieses Prozesses dar. Die „Datencloud" ist insofern für den Steuerberater und seine Mandanten keine Neuerung. Allerdings verliert der Steuerberater durch die Digitalisierung seinen Wettbewerbsvorteil, wenn er sich dieser Herausforderung nicht stellt. Empirische Untersuchungen zeigen, dass ein vereinfachter Datenzugriff mit zusätzlichen Auswertungsmöglichkeiten auf Basis aktuellerer Daten die Zielsetzung der Unternehmen für die Digitalisierung umschreibt. Der Steuerberater muss insofern diese Aspekte aufgreifen und durch die Digitalisierung zeitlich früher als bisher entscheidungsrelevante Daten liefern.

Die frühzeitige Informationsbereitstellung für den Steuerberater bietet die Basis für eine Ausdehnung und Individualisierung der Betriebswirtschaftlichen Beratung (auch BStBK o. J., S. 70). Bisher dominieren rechnungswesennahe Beratungsleistungen (so z. B. Topfmeier 2014, S. 68). Durch die Digitalisierung und die damit vorhandene umfangreiche Datenbasis kann der Steuerberater früher als bisher als Berater im Unternehmensprozess auftreten. Während derzeit meist erst dann der Steuerberater ins Spiel kommt, wenn der Leistungsprozess des Unternehmens durch die Leistungserbringung abgeschlossen ist, muss die Zielsetzung sein, auch bereits im Leistungsprozess Beratungsleistungen zu erbringen. Dementsprechend muss die dem Steuerberater durch den IT-Dienstleister zur Verfügung gestellte Software zu einer Art Enterprise-Resource-Planning-System (ERP-System) weiterentwickelt werden (Macharzina und Wolf 2015, S. 845), um nicht durch ERP-Systeme verdrängt zu werden (Gutenberg und Giesen 2017, S. 33 f.).

Daneben muss der Berufsstand die Möglichkeit ergreifen, selbst den Digitalisierungsprozess im Sinne der medienbruchfreien Datenerfassung und -aufbereitung in den Unternehmen zu gestalten. Dies ist nur durch aktive Softwareberatung möglich. Bemerkenswert ist, dass zwischen den Steuerberatern und den Mandanten ein Wahrnehmungsunterschied besteht. Während sich die Mandanten eine stärkere Unterstützung bei IT-Fragen wünschen, sind die Steuerberater der Auffassung sich bereits intensiv um diese Thema zu kümmern. Dies muss auch die Kooperation mit Dritten zum digitalen Datenaustausch umfassen, wie sich am Beispiel der Kooperation mit der Finanzwirtschaft bei der elektronischen Übertragung von Jahresabschlüssen zeigt, die ab April 2018 starten soll (DiFin; https://www.digitaler-finanzbericht.de/).

Zusammenfassend ist von Bedeutung, dass durch eine intensive Datenauswertung der Übergang von „Big Data" zu „Smart Data" erreicht wird. Die Informationsbereitstellung und die Entscheidungsunterstützung der Mandanten würde dem Steuerberater Zugang zu einer Reihe weiterer qualifizierter Dienste eröffnen, insbesondere könnte dies der Betriebswirtschaftlichen Beratung einen erheblichen Schub verleihen (siehe auch Mayr und Meyer-Pries 2017, S. 210 ff.).

Die Digitalisierung erfordert zudem die Unterstützung der Unternehmen bei den Dokumentationspflichten, die erhebliche steuerliche Folgewirkungen haben können. Häufig fehlt es an den notwendigen Verfahrensdokumentationen, auch wenn die GoBD diese schon heute fordern. Grundsätzlich werden sich die Anforderungen an die Verfahrensdokumentation mit der weiteren Digitalisierung deutlich erhöhen, wie sich an den GoBD oder den Anforderungen an Kassensysteme gezeigt hat. Die Einstellung zur Verfahrensdokumentation dürfte sich zukünftig ändern, wenn offensichtlich wird, dass nachträglich erstellte Verfahrensdokumentationen nicht geeignet sind, die Anforderungen an ein Tax Compliance Management System als Exculpationsinstrument im Sinne des § 153 AO zu erfüllen.

Während die Erstellung einer Verfahrensdokumentation bei den Unternehmen hohe Kosten verursacht, weil es sich dabei um eine unregelmäßig anfallende Tätigkeit handelt, sodass kein Know-How im Unternehmen aufgebaut wird, kann der Steuerberater die Dokumentation standardisieren, sodass „nur" noch betriebsbedingte Anpassungen vorgenommen werden müssen. Die 2014 durch die Bundessteuerberaterkammer verabschiedete Muster-Verfahrensdokumentation zur geordneten und sicheren Belegablage (auf Basis der BSI-Richtlinie 03138 – Ersetzendes Scannen vom 20.03.2013) hilft hier ebenso wie die Regelungen der GoBD. Zudem müssen die Steuerberater mit ihren Verbandsorganisationen die Weiterentwicklung der Prozesse vorantreiben, zum Beispiel auch die Frage, unter welchen Bedingungen mobiles Scannen möglich sein soll (Groß 2017, S. 930 ff.).

Durch die Vertrauensstellung des Steuerberaters im Unternehmen und die Kooperation mit IT-Dienstleistern kann er auch Sicherheitskonzepte für die

Datenerfassung und -haltung anbieten. Gerade im sensiblen Personalbereich – dort hat der Steuerberater über die Personalabrechnung bereits eine starke Stellung – könnte dies von Bedeutung sein, nicht zuletzt vielleicht auch deshalb, weil sich kleinere Unternehmen trotz Digitalisierung(swunsch) noch keine Gedanken über Datensicherheit als eines der zentralen Risiken der Digitalisierung gemacht haben. Das ab Mai 2018 von Unternehmen und Steuerberatern zu beachtende neue Datenschutzrecht könnte hier einen Ansatzpunkt bilden, um den Mandanten die Erstellung der datenschutzrechtlichen Dokumentationen als Dienstleistungen anzubieten. Der Steuerberater muss insofern den medienbruchfreien Buchführungs- und Besteuerungsprozess fördern und im Unternehmen begleiten.

Der digitale Datenaustausch sowie die Maßnahmen der Steuerverwaltung gegen Steuerumgehungen lassen auch die Bedeutung des Tax Compliance Managements zunehmen. Die Verantwortung für das Tax Compliance Management System liegt nach der Rechtsprechung (LG München I v. 10.12.2013) bei der Unternehmensleitung. Dies ist zwar nicht neu, da bereits die GoBD auf die Verantwortung des Steuerpflichtigen für die Ordnungsmäßigkeit der elektronischen Aufzeichnungen hinweisen, auch wenn diese auf einen Dritten – den Steuerberater – delegiert werden. Der Steuerberater kann aber im Tax Compliance Management eine entscheidende Rolle einnehmen.

Auch im Rahmen der steuerlichen Vorbehaltsaufgaben muss sich der Steuerberater mit der Digitalisierung und ihren Folgen auseinandersetzen. Dies ist insofern nicht neu, als bereits seit 2001 die rechtlichen Grundlagen für die digitale Betriebsprüfung bestehen. Das Risikomanagementsystem der Finanzverwaltung im Bereich der Steuerfestsetzung ist die logische Fortsetzung dieser Entwicklung. Der Steuerberater muss sich insofern mit dessen Risikoparametern beschäftigen. Gleiches gilt für den Datenzugriff der Betriebsprüfer. Der Steuerberater sollte sich deshalb auch mit den Zugriffsrechten im Rahmen des betrieblichen Informationssystems beschäftigen. Zum einen müssen alle steuerrelevanten Daten bereitgestellt werden können, zum anderen sollte aber durch Abgrenzung der steuerrelevanten Daten der Zugriff auf nicht benötigte Daten ausgeschlossen werden (zum steuerlichen Informationsmanagement: Egner und Henselmann 2015, S. 471).

Neben der inhaltlichen Komponente betrifft die Digitalisierung auch die Frage, inwieweit einzelne Leistungen mit weiteren Kooperationspartnern angeboten werden, insbesondere durch den Einsatz von Apps. Beispielhaft kann an dieser Stelle die Reisekostenabrechnung herangezogen werden. Die Abrechnung der tatsächlichen Reisekosten und der Abgleich mit den steuerlich zulässigen Reisekostenpauschalen basiert auf einer Vielzahl von Belegen (Bewirtungsbelege, Parkschein, Tickets des ÖPNV, …) die durch den Arbeitnehmer zur Abrechnung beim Arbeitgeber eingereicht werden, wobei die Belege teils digital und teils papierbezogen vorliegen. Inzwischen sind erste Anbieter für ein digitales Reise-kostenmanagement auf dem Markt, die die Belegerfassung, deren Digitalisierung und Archivierung sowie die Verbuchung mittels App vornehmen. Aufgrund der steuerlichen Komponente dieser Programme und dem Zugang der Steuerberater zu den Unternehmen versuchen die Anbieter auch Kooperationen mit Steuerbera-tern einzugehen (Drost 2018, S. 45).

Das Leistungsspektrum des Steuerberaters wird auch durch seine „Vertriebs-wege" beeinflusst. Derzeit ist eine hohe regionale Verbundenheit, insbesondere durch persönlichen Kontakt, gegeben. Diese Kundenbindung nimmt nach den Erfahrungen aus anderen Marktbereichen – zum Beispiel der Kreditwirtschaft – durch die Digitalisierung deutlich ab. Daneben gewinnt aber das Geschäftsmodell „Plattform-bzw. Portal-Ökonomie" an Bedeutung. Die regionale Distanz zwi-schen Steuerberater und Mandant spielen dann keine Rolle mehr.

Die Online-Geschäftsmodelle sind dabei durchaus unterschiedlich struktu-riert. Zum einen kann eine Plattform lediglich versuchen Markttransparenz her-zustellen und Steuerberater benennen, die die für den Mandanten erforderlichen Kompetenzen mitbringen. Über Beurteilung der Steuerberaterleistung nach der Vermittlung wird dadurch die „Crowd-Information" über die Leistung des Steu-erberaters gebündelt. Darüber hinaus gehend kann aber auch die Leistungserbrin-gung selbst über das Portal erfolgen. Dies gilt zumindest für einfach strukturierte Fragestellungen.

Unverzichtbar erscheint zumindest für die eigenen Mandanten eine Infor-mationsplattform einzurichten. Während in der Vergangenheit das Mandanten-Rundschreiben Neuerungen aus dem Steuerrecht und der Kanzlei vermitteln sollte, wird dies inzwischen häufig durch einen E-Mail-Newsletter ersetzt (unter den Voraussetzungen des § 7 Abs. 3 UWG), ohne dass jedoch ein inhaltlicher Mehr-wert dadurch erreicht wird. Die Informationsbereitstellung über einen Newsletter erfolgt grundsätzlich mandantenunspezifisch. Die Digitalisierung eröffnet über eine Verknüpfung mit hinterlegten Mandanteninformationen – ähnlich der Werbung im Internet – die Möglichkeit einer mandantenspezifischen Informationsbereitstellung.

Die Digitalisierung des Geschäftsmodells der Steuerberatung wird auch nicht nur zu einem erneuerten Geschäftsmodell der Steuerberatung führen, sondern über das Leistungsangebot zu einer Ausdifferenzierung. So ist davon auszugehen, dass sich Kanzleien auf spezifische Felder der digitalen Steuerberatung konzent-rieren, zum Beispiel der Erstellung von Verfahrensdokumentationen, oder mehrere Kanzleien zusammen einen Dienstleister gründen, der die Kanzleien unterstützt. Letzteres ist zum Beispiel aus der Ärzteschaft bekannt, wenn gemeinschaftlich von mehreren Ärzten ein Labor betrieben wird. Denkbare wäre letztes zum Bei-spiel für die IT-Prozessgestaltung des Mandanten oder wiederum bei Verfahrens-dokumentationen.

Wettbewerbsposition des Steuerberaters

Die Wettbewerbsposition des Steuerberaters ist aus dessen Sicht positiv zu werten. Der Marktzutritt ist durch die Mindestanforderungen an die Zulassung zur Berufsausübung beschränkt. Zudem sind die Vorbehaltsaufgaben – wenn auch in Konkurrenz zu Wirtschaftsprüfern und Rechtsanwälten – dem Wettbewerb mit Dritten entzogen. Diese positive Wettbewerbsposition zeigt sich auch in der Umsatz- und Gewinnentwicklung der Steuerberatungskanzleien. Darüber hinaus ist nicht absehbar, dass der Steuergesetzgeber durch Steuervereinfachungen das geschützte Betätigungsgebiet der Steuerberater einschränkt. Limitierend wirkt demgegenüber die Steuerberatervergütungsverordnung, da hierdurch Preisspannen vorgegeben werden, die gleichzeitig aber auch Mindestpreise garantieren. Zwar bestehen Öffnungsklauseln, die individuelle Preisabreden mit den Mandanten ermöglichen, doch sind der Preisgestaltung durch den berufsstandsinternen Wettbewerb Grenzen gesetzt.

Dieser nach außen geschützte Wettbewerbsraum steht aber von verschiedenen Seiten unter Druck. Zum einen fordert die EU-Kommission grundsätzlich mehr Wettbewerb bei den freien Berufen und stellt Marktzutrittsschranken infrage. Dies gilt immer wieder auch für den Berufsstand der Steuerberater (Schröder 2016, S. 5 ff.).

Daneben führt die Digitalisierung zu einem verstärkten Wettbewerb mit Dritten, die zwar keine Qualifikation als Steuerberater aufweisen können, aber gerade im Bereich der vereinbaren Tätigkeiten zur Konkurrenz werden können.

Die Digitalisierung bringt auch neue Wettbewerber hervor, die nicht das gesamte Beratungsportfolio einer Steuerkanzlei anbieten, dafür aber einzelne Dienstleistungen. Gerade bei standardisierten und einfach strukturierten Problemen finden sich bereits Angebote der sog. Plattform-Ökonomie. Auch die Entwicklung von Apps stellt eine Konkurrenz zu den Tätigkeiten des Steuerberaters

© Springer Fachmedien Wiesbaden GmbH 2018

T. Egner, *Digitale Geschäftsmodelle in der Steuerberatung*, essentials,

https://doi.org/10.1007/978-3-658-21161-5_7

dar. Umgekehrt eröffnen sich für den Steuerberater auch überregionale Absatzmöglichkeiten durch Plattformangebote.

Die Automatisierung/Digitalisierung führt zu drei Wettbewerbseffekten:

- Die Marktransparenz steigt, sodass die Gewinnmargen sinken
- Automatisierte Angebote für einfach strukturierte Fragestellungen
- Unternehmen können Teile der Aufgaben selbst übernehmen

Durch die Digitalisierung verschärft sich der Wettbewerb nicht nur gegenüber Dritten sondern auch unter den Steuerberatern, da die Marktransparenz steigt. So wurde mit dem Gesetz zur Modernisierung des Besteuerungsverfahrens auch die Einführung eines bundesweiten Steuerberaterverzeichnisses (§ 3b StBerG), betrieben durch die Bundessteuerberaterkammer, zum 01.01.2017 beschlossen. Daneben hat die Bundessteuerberaterkammer einen bundesweiten Steuerberater-Suchdienst errichtet, mit dem Steuerberater für bestimmte Sachgebiete und Qualifikationen gesucht werden können. Zwar dient das Steuerberaterverzeichnis nicht unmittelbar dem Wettbewerb, sondern zur Überprüfung einzelner Personen hinsichtlich der Zulassung zur Hilfeleistung in Steuersachen, doch führen die verschiedenen Angebote zu einer erhöhten Markttransparenz. Dazu dienen auch die zunehmenden Internet-Auftritte der Steuerberater sowie die verschiedensten Portale mit Informationen zu Beratungsangeboten.

Zudem lässt sich feststellen, dass die regionale Verankerung im Sinne der Kundentreue abnimmt (Mayr 2017, S. 33). Die lokale Präsenz des Steuerberaters ist aufgrund der Internet-/Plattform-Angebote zumindest für einfach strukturierte steuerliche Fragestellungen nicht mehr von wesentlicher Bedeutung. Derartige Portale bestehen bereits für die Rechtsberatung als auch die Steuerberatung. Für den Steuerpflichtigen liegt der Vorteil auch in den niedrigen Transaktionskosten (Zeit, Fahrtkosten) gegenüber einem Kanzleibesuch. Gerade bei einfach strukturierten Problemen waren hier die Transaktionskosten gegenüber den Beratungskosten relativ hoch.

Einschränkend könnte angeführt werden, dass diese Aussagen nur auf den automatisierbaren Tätigkeitsbereich des Steuerberaters zutreffen: die Buchhaltung und Teile der Steuerdeklaration. Dabei darf nicht verkannt werden, dass sich ein wesentlicher Teil der Steuerberater derzeit noch auf dieses Aufgabenfeld konzentriert. Zukunftsfähig erscheinen nur Kanzleien, die die Automatisierung der Basisgeschäfte als Grundlage für höherwertige Beratungsmöglichkeiten nutzen.

Gerade hier treten neue Wettbewerber auf, die sich die Digitalisierung zunutze machen wollen. Neben den Kreditinstituten forcieren insbesondere die Unternehmensberater diese Tätigkeitsbereiche mit unterschiedlichen Strategien, denen aber jeweils die Erkenntnis gemein ist: „Daten sind Macht" (Überschrift in HB v. 07.05.2015, S. 22). Die Kreditinstitute wollen die vorhandenen Kundendaten auswerten, um so umfangreiche Informationen bereitstellen zu können.

Der Steuerberater muss sich diesem Wettbewerb stellen und hat hierfür auch die besten Voraussetzungen, da er über den wohl besten Zugang zu den Unternehmensdaten verfügt und ihm gleichzeitig von den Mandanten hohes Vertrauen entgegengebracht wird. Dies bedingt aber eine Abkehr von der traditionellen Beratung von Mandanten bei Jahresabschluss- und Steuerdeklarationsgesprächen, die im Zweifel im Jahresturnus jeweils auf Basis der Vergangenheitsdaten erfolgt. Die Unternehmen erwarten durch die Digitalisierung

- einen zeitnahen Datenzugriff,
- ein auf das Unternehmen abgestimmtes Kennzahlen-Cockpit (Reporting),
- die Einrichtung der notwendigen medienbruchfreien Prozessabläufe sowie
- die Unterstützung bei den notwendigen Verfahrensdokumentationen und
- die Gewährleistung der Datensicherheit.

Diese Aufgabenbereiche treten neben die als selbstverständlich erachteten steuerlichen Belange von der Steuerplanung über die Steuerdeklaration bis hin zur Begleitung der Betriebsprüfung. Erwartet wird eine vernetzte Struktur, sodass keine redundanten Prozesse wie eine doppelte Datenerfassung für verschiedene Auswertungen erfolgen. Der Steuerberater muss eine Daten-Cloud zur Verfügung stellen, aus der sämtliche Reportings des Unternehmens erstellt werden können. Hier ist festzustellen, dass häufig in den Unternehmen derzeit noch an verschiedenen Stellen (Abteilungen) Daten gesammelt und ausgewertet werden, weil die spezifischen Bedürfnisse aus dem Unternehmensreporting nicht erfüllt werden. Dies gilt selbst für große Konzerne. Gerade die dem Steuerberater besonders zugesprochene Kompetenz bei zahlenbasierten und rechnungswesennahen Dienstleistungen könnte hier eine sehr gute Wettbewerbsposition im Vergleich zu Dritten eröffnen. Zudem wird der Steuerberater auch als Geheimnisträger – wegen des Steuergeheimnisses gesehen –, der auch entsprechende Kompetenz bezüglich Datensicherheit besitzt. Der Netzwerkgedanke steht derzeit vor allem im Rahmen der Diskussion um die Industrie 4.0 im Mittelpunkt. Vernachlässigt wird häufig die Vernetzung der Leistungserbringung, des internen und externen Reportings. Der Steuerberater muss insofern zur Zielsetzung haben, den Leistungsprozess eines Mandanten durchgängig datenmäßig zu erfassen und auszuwerten, um durch den Mandanten benötigte Informationen zeitnah jederzeit und standortunabhängig anbieten zu können.

Der Wettbewerbsvorteil der Verfügung über die Mandantendaten kann aber nur durch eine konsequente Digitalisierungsstrategie genutzt werden. Diese beinhaltet sowohl die Einbeziehung von externen IT-Dienstleistern (z. B. die DATEV eG), den Aufbau eigener IT-Kompetenz in der Kanzlei, die durchgängige Digitalisierung der Kanzleiprozesse sowie die Nutzung moderner Kommunikationsformen. Die Außendarstellung muss die IT-Kompetenz des Steuerberaters unterstützen.

Im Ergebnis muss der Steuerberater sein Leistungsspektrum erweitern und konsequent digitalisieren, um sich im Wettbewerb auch zukünftig zu behaupten. Darunter fällt die Verbreiterung der Kompetenzbasis des Steuerberaters genauso wie die Zusammensetzung des Kanzleipersonals und die Bildung interprofessioneller Kooperationen, da die Betriebswirtschaftliche Beratung regelmäßig Fragestellungen aufwerfen wird, zu deren Beantwortung der Steuerberater nicht befugt ist, dafür aber der Rechtsanwalt oder der Wirtschaftsprüfer. Um eine kompetente Beratung aus einer Hand anbieten zu können, erscheint vor diesem Hintergrund die Kooperation der Berufsstände unumgänglich.

In Folge dessen wird sich der Steuerberatermarkt verändern und die durchschnittliche Kanzleigröße steigen, da der Investitionsbedarf hoch ist und gleichzeitig die verschiedenen Kompetenzen durch einen Berufsträger kaum abdeckbar sind. Der Steuerberatungsmarkt wird weiterhin heterogen bleiben, da sich neben diesen „Standardkanzleien" auch Spezialisten etablieren werden, die gezielt nur einzelne Themenbereiche beraten. Allerdings werden sich auch diese Kanzleien nicht dem Trend der Digitalisierung entziehen können, weil auch die spezifischen Beratungsfelder regelmäßig auf Daten angewiesen sein werden. Für eine auf die Begleitung von Betriebsprüfungen spezialisierte Kanzlei gilt dies ebenso wie für eine auf das Investmentsteuerrecht spezialisierte Kanzlei.

Entscheidend ist – wie bei allen Geschäftsmodellen – der für den Mandanten generierte Mehrwert. Dabei gilt die weitgehend automatisierbare Buchführungs- und Steuerdeklarationsleistung aus Sicht des Mandanten als Pflicht. Die darüber hinaus gehenden Dienstleistungen stellen den Mehrwert, die Kür dar. Dies korreliert mit empirischen Untersuchungen, dass die Steuerdeklaration durch den Steuerberater dem Sicherheitsbedürfnis des Mandanten Rechnung trägt. Die Beratungsleistung des Steuerberaters wird demgegenüber als Erfolgsfaktor für das Unternehmen identifiziert.

Was Sie aus diesem *essential* mitnehmen können

- Das Geschäftsmodell der Steuerberatung basiert auf einer Dreiecksbeziehung zwischen Steuerberater, Mandant und Finanzverwaltung. Der Steuerberater ist dabei gegenüber dem Steuerpflichtigen als Berater tätig, fungiert aber gleichzeitig als Organ der Steuerrechtspflege.
- Die Modernisierung des Besteuerungsverfahrens sowie die Digitalisierung des Rechnungswesens auf Ebene des Unternehmens, führen beim Steuerberater zum Zusammentreffen zweier Digitalisierungsströme. Dadurch ändern sich die Kanzleiprozesse erheblich.
- Durch die Digitalisierung verlieren bisherige Tätigkeitfelder des Steuerberaters an Bedeutung. Zum Ausgleich dieser Umsatz- und Gewinnreduktionen muss sich der Steuerberater neuen Leistungsangeboten an die Mandanten öffnen. Die Digitalisierung bietet ihm hier insbesondere Möglichkeiten in der Betriebswirtschaftlichen Beratung.
- Dies wird zum einen zu mehr Kooperation mit anderen (freien) Berufsständen führen, zum anderen wird sich die Struktur der Mitarbeiter in den Kanzleien ändern. Wirtschaftswissenschaftler und IT-Experten werden deutlich zunehmen, ohne selbst Berufsträger zu sein.
- Der Steuerberater wird nicht aussterben! Das Geschäftsmodell der Steuerberatung wird sich verändern, wie es sich auch in der Vergangenheit verändert hat. Die Informationstechnologie – einschließlich datenverarbeitenden Rechenzentren („Cloud") – hat vor über 50 Jahren in den Berufsstand Einzug gehalten, sodass dieser gelernt hat, den technologischen Wandel als Chance zu begreifen.

© Springer Fachmedien Wiesbaden GmbH 2018   43
T. Egner, *Digitale Geschäftsmodelle in der Steuerberatung*, essentials,
https://doi.org/10.1007/978-3-658-21161-5

Literatur

Arbeitskreis Externe Unternehmensrechnung der Schmalenbach-Gesellschaft für Betriebswirtschaft e. V. (2018) Chancen und Herausforderungen für die Effektivität und Effizienz des Rechnungswesens. In: Krause S, Pellens B (Hrsg) Betriebswirtschaftliche Implikationen der digitalen Transformation. Springer Gabler, Wiesbaden, S 301–317

Backu F (2017) Datenschutz-Grundverordnung und Neuregelung zum Outsourcing durch Berufsgeheimnisträger – Konsequenzen aus Sicht des Steuerberaters. DStR 55:2699–2704

Becker W, Vogt M (2015) Digitalisierung im Mittelstand. In: Becker W, Ulrich P (Hrsg) BWL im Mittelstand. Kohlhammer, Stuttgart, S 429–451

BMF (2017) Modernisierung der Verbrauch- und Verkehrsteuervollzugs in der Zollverwaltung. BMF-Monatsbericht, August 2017, S 37–40

Bodmann H (2016) Herausforderungen der Digitalisierung für die Mitarbeiter der Steuerkanzleien. NWB, S 3963–3970

Bundessteuerberaterkammer (2016) STAX 2015. Statistisches Berichtssystem für Steuerberater. Ausgewählte Ergebnisse. https://www.bstbk.de/de/themen/berufsrecht/STAX/. Zugegriffen: 22. Jan. 2018

Bundessteuerberaterkammer (2017a) Berufsstatistik 2016. https://www.bstbk.de/de/bstbk/berufsstatistik/. Zugegriffen: 22. Jan. 2018

Bundessteuerberaterkammer (2017b) Werden Sie Steuerberater. Bundessteuerberaterkammer, Berlin. https://www.bstbk.de/export/sites/standard/de/ressourcen/Dokumente/04_presse/publikationen/03_berufsrecht/74_BStBK_WerdenSieSteuerberater_Web.pdf. Zugegriffen: 26. Feb. 2018

Bundessteuerberaterkammer (o. J.) Steuerberatung 2020. Bundessteuerberaterkammer, Berlin

Deloitte (2016) E-Bilanz. Stollfuss, Bonn

Drost F (2018) Der Zettelwirtschaftsprüfer. Handelsblatt, 3. Januar, S 45

Egner T (2015) Steuercontrolling in der Unternehmenspraxis. In: Becker W, Ulrich P (Hrsg) Handbuch Controlling. Springer Gabler, Wiesbaden, S 303–325

Egner T (2016) Die Rolle kaufmännischer Daten für die Unternehmenssteuerung im Mittelstand. Bamberg. https://www.uni-bamberg.de/index.php?id=104033. Zugegriffen: 22. Jan. 2018

Egner T, Henselmann K (2015) Steuerliches Risikomanagement. In: Gleißner W, Romeike F (Hrsg) Praxishandbuch Risikomanagement. Schmidt, Berlin, S 457–476

© Springer Fachmedien Wiesbaden GmbH 2018
T. Egner, *Digitale Geschäftsmodelle in der Steuerberatung,* essentials,
https://doi.org/10.1007/978-3-658-21161-5

Eismayr R, Kirsch A (2016) Globale Entwicklungen bei der Automatisierung von Besteuerungsprozessen. Der Betrieb 69 Beilage 4:40–44

Engelhardt J (2014) Bundeseinheitliches Risikomanagementsystem (RMS) und Sachverhaltsaufklärung. Kammermitteilungen der StBK Nürnberg 2014(3):14–15

Frey CB, Osborne MA (2013) The future of employment: how susceptible are jobs to computerisation? www.oxfordmartin.ox.ac.uk/downloads/academic/The_Future_of_Employment.pdf. Zugegriffen: 22. Jan. 2018

Gilgan H-G (1996) Der Beruf des Steuerberaters. NWB, Herne

Groß S (2017) Mobiles scannen und tax compliance. Betr Berat 71:930–933

Groth K-H (2015) Ein Blick auf die Gegenwart und die Welt von morgen (Editoral). Change 2015(1):3

Gutenberg M, Giesen U (2017) Digitalisierung: Revolution in der Steuerberatung? NWB, Beilage zu Heft 4

Hamminger A (2017) Auswirkungen des neuen Datenschutzrechts auf die Praxisorganisation. NWB, S 2364–2379

Heide D (2018) E-Government. Vorbild Dänemark. Handelsblatt, 3. Januar, S 20–21

Hofer J (2015) Der Schatz im Keller. Handelsblatt, 17. April, S 18

Kerkmann C (2018) Wenn Hacker die smarte Fabrik lahmlegen. Handelsblatt, 17. Januar, S 18–19

Kessens M (2017) Rechtssichere (elektronische) Kommunikation mit den Finanzgerichten. NWB, S 3267–3268

Krehl H, Strobel S, Schaller J (2014) Stichproben und statistische Verfahren im Abschluss- und Betriebsprüfungsprozess. proSynt, Schongau

Macharzina K, Wolf J (2015) Unternehmensführung, 9. Aufl. Springer Gabler, Wiesbaden

Marx J (2016) Der Einsatz von Risikomanagementsystemen nach § 88 Abs. 5 AO als Kernelement der Modernisierung des Besteuerungsverfahrens. Ubg 9:358–368

Mayr R (2016) Digitalisierung? Digitalisierung! Kammermitteilungen der StBK Nürnberg 2016(4):32

Mayr R (2017) Portale ersetzen gewachsene Kundenbeziehungen. Kammermitteilungen der StBK Nürnberg 2017(4):33

Mayr R, Meyer-Pries L (2017) Digitalisierung in der Steuerberatungskanzlei – Ausblicke und Einschätzungen. Stbg, 210–222

McKinsey (2017) Mehr Leistung für Bürger und Unternehmen: Verwaltung digitalisieren. Register modernisieren. Studie im Auftrag des Nationalen Normenkontrollrats, Oktober 2017. https://www.normenkontrollrat.bund.de/Webs/NKR/Content/DE/Download/2017-10-06_download_NKR%20Gutachten%202017.pdf?__blob=publicationFile&v=3. Zugegriffen: 22. Jan. 2018

Oehring T (2015) Die BWA aus Unternehmersicht – Steigerung der Aussagekraft der „kurzfristigen Erfolgsrechnung" durch „bewusstes Buchungsverhalten". Stbg, 519–521

Philipps H, Wilting A (2016) Die GoBD in der Abschlussprüfung. WP Praxis 2016(5):119–124

Rossow C, Sorge C (2018) Schadsoftware: Ein Problem (auch) für Juristen? Juris 5:7–10

Sahm R (2012) Zum Teufel mit der Steuer. Springer Gabler, Wiesbaden

Schneider K (2017) Banking auf Zuruf. Handelsblatt, 13. November, S 30–31

Schröder M (2016) Mehr Wettbewerb in den freien Berufen? Die Angriffe der Europäischen Kommission auf Honorarordnungen und Beteiligungsverbote. Eur Z Wirtschr 27:5–10

Schuh G, Anderl R, Gausemeier J, Hompel M ten, Wahlster W (2017) Industrie 4.0 Maturity Index. Die digitale Transformation von Unternehmen gestalten (acatech Studie). http://www.acatech.de/de/publikationen/publikationssuche/detail/artikel/indus-trie-40-maturity-index-die-digitale-transformation-von-unternehmen-gestalten.html. Zugegriffen: 22. Jan. 2018

Schumpeter JA (1972) Kapitalismus, Sozialismus und Demokratie, 3. Aufl. UTB Francke, München

Statistisches Bundesamt (destatis) (2017) Strukturerhebung im Dienstleistungsbereich Rechts- und Steuerberatung, Wirtschaftsprüfung 2015. https://www.destatis.de/DE/Publikationen/Thematisch/DienstleistungenFinanzdienstleistungen/Branchenberichte/RechtsSteuerUnternehmensberatung5474103157004.pdf?__blob=publicationFile. Zugegriffen: 22. Jan. 2018

Steuerberaterkammer Nürnberg, Kammermitteilungen 04/2017

Topfmeier J (2014) Der Steuerberater als Erfolgsfaktor. Masterarbeit an der Otto-Friedrich-Universität Bamberg im Wintersemester 2014/2015

Vogelgesang S (2018) Datensicherheit und IT-Sicherheit in der Justiz. Juris 5:2–7

Vollmer R (1991) Das Milliarden-Mandat. Campus, Frankfurt

Wallner I, Birken T (2016) Orator im antiken Rom. Datev Mag 2016(3):38–39

Lesen Sie hier weiter

Thomas Egner
Internationale Steuerlehre

Reihe: Studienwissen kompakt
1. Aufl. 2015, XI, 204 S., 24 Abb.
Softcover € 14,99
ISBN 978-3-658-07350-3

Änderungen vorbehalten.
Erhältlich im Buchhandel oder beim Verlag.

Einfach portofrei bestellen:
leserservice@springer.com
tel +49 (0)6221 345-4301
springer.com